国家出版基金项目
NATIONAL PUBLICATION FOUNDATION

中国人的美德

ZHONGGUORENDEMEIDE

经历数千年传承、融汇时代精神的美德，是中国人思想道德的灵魂，是构筑中国人时代精神的血脉，更是中华民族伟大复兴的根基。

焦国成◎主编
王　易◎编著

天津出版传媒集团
天津人民出版社

图书在版编目(CIP)数据

友 / 王易编著. -- 天津 : 天津人民出版社,
2013.7
(中国人的美德 / 焦国成主编)
ISBN 978-7-201-08291-2

Ⅰ. ①友… Ⅱ. ①王… Ⅲ. ①品德教育-中国-青年
读物②品德教育-中国-少年读物 Ⅳ. ①D432.62

中国版本图书馆 CIP 数据核字(2013)第 171439 号

天津人民出版社出版
出版人:黄　沛
(天津市西康路 35 号　邮政编码: 300051)
邮购部电话: (022) 23332469
网址: http://www.tjrmcbs.com
电子信箱: tjrmcbs@126.com
三河市同力印刷装订厂印刷

2013 年 7 月第 1 版　2013 年 7 月第 1 次印刷
787 × 1092 毫米　16 开本　10 印张　1 插页
字数:100 千字
定　价: 29.80 元

前言

“美德”是什么？在有些人看来，就是埋头傻干而不计报酬多少，与人交往而甘愿事事吃亏，不考虑个人得失而时时奉献，因此，“美德”不过是忽悠傻瓜的招数，“高尚”无非是中招儿的蠢人才会去追求的做人境界。在这些“智者”的眼里，只有名利权位、声色犬马才是值得去追求的，而“美德”则不值一文。这种想法让我们想到了丛林中的狐狸和狼。那些“智者”的智慧，也不过是丛林之中狐狸和狼的智慧。对狐狸和狼来说，甚至对只图利益的小人来说，美德确实什么都不是。但是我们到底是要把市场经济下的社会建设成一个美好的人类世界，还是要把它变成一个绿色丛林？丛林之中，没有谁永远都是强者，即使老虎、狮子也不例外。当那些信奉丛林规则的“智者”成为“更智者”爪下的一块肉时，他的智慧又在哪里？

孟子说：“得道者多助，失道者寡助。寡助之至，亲戚畔之；多助之至，天下顺之。”（《孟子·公孙丑下》）利己主义者的智慧是一种小聪明，虽然可以暂时得利，但这种利总是有“害”相跟随。因为占了别人的便宜，固然可以一时得意，但当被千夫所指的时候，他的得意也就不在了。前乐而后苦、开始得意而日后途穷的智慧，无论如何也不能说是一种高妙的智慧。真正的赢家应该是淡泊名利、以德服人的人。

在有美德的人看来，有损美德的利益不是一种利，反而是一种害。正如孔子所说：“不义而富且贵，于我如浮云。”（《论语·述而》）避开了不符合道义的利益，同时也就避开了它可能导致的害。俗语也说：“为人不做亏心事，半夜敲门心不惊。”具有美德的人，善于约束自己，仰不愧于天，俯不怍于人，心里坦坦荡荡，安宁舒畅。能使自己愉悦幸福一生的，莫过于美德。代代相传的“富润屋，德润身”箴言，是以往高贤大德的切身体验，绝非忽悠人的虚言。

有美德的人讲仁讲义，乐于助人，乐于成人之美，这有助于消融人与人之间的冷漠和对立，增进人与人之间的和谐与合作。团结就是力量，合作强于孤军作战。人之所以能够胜过万物，就在于人与人之间能够合作。

美德是立于不败之地的精神力量。有美德的人，是在爱人中爱己，在利人中利己，在使众人快乐中获得自己的快乐。因为他行事以德，故服人不靠威势武力；因为他爱人利人，故能把自己与大众连为一体。因此，孟子才说“仁者无敌”。

美德是可以惠及整个社会和子孙万代的精神财富。孔子曾经提出过“惠而不费”的君子智慧。在他看来，“因民所利而利之”的德政是惠而不费的。如果我们能把孔子的思想发挥一下，使美德真正成为每一个人的操守，社会将变得更加美好。做父母的有慈的美德，天下的儿童就都幸福了；做子女的有孝的美德，天下的老人就都幸福了。同样，每个社会位置上的人都有美德，天下就会是一个大道流行、人人幸福的世界。这就是真正的“惠而不费”。

新中国成立已有六十余年，改革开放已经三十余年，我国的社会主义建设取得了令世界瞩目和赞叹的成就，中国人民过上了小康的幸福生活。然而中国社会的道德风气却不尽如人意：急功近利的追求、冷漠的处世态度、庸俗的休闲生活，已经成为许多人的生活写照。腐败现象屡禁不止，法纪的权威性受到挑战，潜规则大行其道，假冒伪劣层出不穷，这已经是伴随市场经济的发展而出现的司空见惯的社会现象。道德的沙漠化现象开始初露端倪。因此，道德文明的建设已经显得比任何时候都更加迫切。

历经数千年传承、融汇时代精神的美德，是中国人思想道德的灵魂，是构筑中国人时代精神的血脉，更是中华民族伟大复兴的根基。

为了弘扬美德，我们组编了《中国人的美德》丛书。丛书针对市场上缺少入情、入理、入心的道德教育读物的现状，专门为广大未成年人精心打造。要改善社会的道德风气，提高社会的道德水平，就要有好的读物。本丛书力求适应这一社会需求，将中华民族的传统美德、优秀的革命道德和时代精神完美融合，将传统精神和时代精神、文化继承和文化创新有机结合起来，力求凸显社会主义道德的中国特色和民族道德传统的历史延续性；在保证其通俗性、可读性的同时，力求有一定的创新性。如果此套丛书能够激发起广大未成年人对中国人的美德的兴趣和向往，我们将感到无上的荣幸和欣慰！

焦国成

2013 年 6 月于北京

Mulu/目录/

第一辑 解析篇

第二辑 菁华篇

第三辑 范例篇

友

第一辑 解析篇

JIEXIPIAN

ZHONGGUOREN
DEMEIDE

友

在21世纪的中国，面对越来越快的生活节奏和复杂多变的社会环境,人们越来越需要温暖的友谊作为彼此之间的情感联结。真正的友谊就像醇香的美酒一样,使人们为之陶醉;朋友的一句贴心安慰、一句中肯批评就能打开人们的心扉。在平凡的岁月中能结交真诚的益友,实在是人生的一大幸事。

在这里,我们从“友”的古代字形、字义出发,探索友德的演变与一般要求,并落脚到现代社会应该如何践行友德这一实践问题上。希望能将中国传统智慧的火花传递给每一位读者,愿每一位读者都能结交知己良朋，让世界变得更加友好、和谐。

友德的历史演变

古往今来，中国人都把结交良朋好友视为日常生活的重要交际环节，对友情的赞美之语更是数不胜数。无论是《诗经》中“虽有兄弟，不如友生”（《诗经·小雅·常棣》），还是孔子的“有朋自远方来，不亦乐乎”（《论语·学而》），都体现出古人对友情的渴望和珍视。在中国传统伦理所强调的五伦，即君臣、父子、兄弟、夫妇、朋友中，朋友是极为重要的一种人伦关系，友情是除却亲情和爱情之外最重要的人伦感情。

古人特别重视友德，“交之于人也，犹唇齿之相济”（西汉·刘歆《新议》），他们觉得交友对一个人的重要性，就像唇和齿相互依靠一样。古人重视友德的原因很多，这里重点谈两方面。一方面，朋友能帮助我们培养仁德。“士有净友，则身不离于令名。”（《孝经·谏诤章》）一个人若有一些能够直言批评自己的朋友，那他就能避免过失而保持自己的好名声。毋庸置疑，朋友能够劝导我们行善改过，养成良好的道德习惯，不断提升道德修养、完善自我。另一方面，朋友亦能支持和鼓励我们，患难与共。“朋友之交……货则通而不计，共忧患而相救，生不属，死不托。”（东汉·班固《白虎通德论·三纲六纪》）朋友之间的交往，要互通有无而不斤斤计较，共同度过忧患而互相救济。所谓朋友，即是在他活着的时候不必嘱咐，在他死后也不必提前请托的人。朋友之间就是有着这样的默契，帮助和扶持源自于内心，而无需对方的嘱咐和请托。在我们最困难、最无助的时

候，朋友总是及时出现在我们眼前，鼓励我们、帮助我们。朋友之于古人，朋友之于当代人，不仅仅能够帮助我们培养仁德、与我们患难与共，更是心灵上的相互慰藉，精神上的相互呵护，志向上的相互鼓励，行动上的相互扶持。

“友”字的字形演变及字义辨析

伴随着历史前进的步伐，“友”的字形、字义也发生了一些细微的变化。但是无论是传统社会还是现代社会，人们珍视友谊的态度从未改变，友善和谐的生活环境也一直是理想社会的重要因素。

在中国最古老的文字——甲骨文中，就已经有了“友”字。甲骨文中“友”的字形，像顺着一个方向的两只手，表示以手相助。甲骨文的字形大多与其意义有关，因此，“友”字最初就已经有了相助的意思。

“友”的字形演变

在许慎所著的《说文解字》中，对“友”字有着详细的解释：“友字，从二又相交。二又，二人也，善兄弟曰友。亦取二人如左右手也。”意思是说，“友”字是由两个“又”字相交而成，两个“又”字代表着兄弟两人相互扶持，也有两个人如同左右手相互紧握之意，后来才慢慢演变为今天“友”字的字形（见上图“‘友’的字形演变”）。

“择良友而友之”（《荀子·性恶》）。在荀子的这句千古名言中，第一个“友”是朋友的意思，第二个“友”则是交朋友的意思。此外，我们还经常使用“友好”“友善”等词来形容一个人为人处世的态度。可见,“友”有着多重含义。

当“友”字作为名词使用时,代表朋友的意思,指的是非亲缘的个体之间因兴趣、志向等因素相互吸引,彼此信任所结成的一种人际关系,这也是“友”字的本义。最初,“友”指兄弟之间的友好互助,正是兄友弟恭的意思。后来,随着人们社会联系不断拓展,人际关系逐渐多样化,人们不再局限于家庭、家族的环境,开始出现了非亲缘的人因为志同道合而结成的亲密关系,“友” 的字义范围就扩大了,出现了“同门为朋,同志曰友”(《礼记》)的朋友关系。“同门为朋”,即跟从同一个老师学习的人称为“朋”;“同志为友”,即指志同道合的人才能称为“友”。可见在当时,交友的基本前提就是志同道合,正所谓“酒逢知己千杯少,话不投机半句多”,有相同志趣的人才能进行深入交流。早在《诗经·大雅·抑》中就已经有“惠于朋友”的诗句。可见,在中国传统伦理关系中,朋友关系是出现得比较早的,而且是受到人们重视的一种人际关系。从“友”字的字义发展可以看出,“友” 的字义从兄友弟恭的亲缘之友逐渐发展到非亲缘的志同道合之友,其中既反映出社会人际关系范围逐渐扩大,也显示出随着人类社会不断进步,团结互助成为时代发展的潮流。从“友”字含义的发展来看, 从兄弟手足的情谊发展到对他人也像兄弟般亲密友善,正是和谐社会不断发展的印证。在当代,我们更是强调要突破国界,从中国人民团结友善发展到世界人类友好互助,我们生活在同一片蓝天下,拥有同一个地球,人们应该彼此关爱、友好团结,才能构建和谐社会、大同世界。

当“友”字作为动词使用时,又可以分为几种不同的用法。第一种是指亲近相爱，古代多用于兄弟之间，如《说文解字》中的“善兄弟曰友”；第二种是指建立朋友关系的行为和状态，即“与……为友”，如“无友不如己者”（《论语·学而》），意思是不要结交品行不如自己的朋友；第三种是指合作，如“友，有也，相保有也”（东汉·刘熙《释名》），意思是相互合作保全；第四种是指给予帮助或支持，如“乡田同井，出入相友，守望相助，疾病相扶持”（《孟子·滕文公上》），意思是乡亲一同劳作休息，出入都应相互帮助，生病的时候相互扶持。通过分析“友”字的动词用法可以发现，“友”基本表示一种积极主动的行为，无论是亲近、结交还是协助，都表达了中国传统文化对维护人际关系的重视。

当“友”字作为形容词使用时，代表友善的意思，是指待人接物的一种态度。中国传统文化注重人际关系的维护，待人友善是中国人的一种传统修养。《孟子·公孙丑上》中说：“取诸人以为善，是与人为善者也。故君子莫大乎与人为善。”意思是君子最高的德行就是吸取他人的优点，和别人一起行善。后来，与人为善的语意有所拓展，多指以善意的态度对待他人。道家推崇的至善境界是“上善若水，水善利万物而不争”（《老子》八章）。真正的友善也像流水一样，能够融合万物，自由灵动；能够海纳百川，有容乃大；能够以柔克刚，潜移默化地改变世界。佛教讲究“普度众生”，有“诸恶莫作，众善奉行。自净其意，是诸佛教”（王龙舒《龙舒增广净土文》）的说法。与人为善，不作恶事就是最基本的佛法。由此可见，在中华传统儒、释、道三种文化中对“与人为善”这一个人修养均十分重视。由此，与人为善就成为中华传统文化的精髓而被代代传承。

从儒释道交友观看“友”的内涵

在中国传统文化中，儒、释、道三种文化都不约而同地对友德有着较多的论述。在儒家方面，《礼记·儒行》中有这样一句话总结了儒家对“友”的看法：“儒有合志同方，营道同术；并立则乐，相下不厌，久不相见，闻流言不信；其行本方立义，同而进，不同而退。其交友有如此者。”大致的意思是：儒者结交朋友，与人交往注重志向相投，待人处事的方法一致，从事学业的方法也相合；彼此为对方取得成就而真心感到快乐，当对方没有成就而身居人下时，也不嘲笑轻视，即使很久没有见面，也不轻信有关朋友的流言蜚语；儒者的行为以原则为本，以道义为基础，想法相同就共同努力行动，想法不同就退出而不勉强附和。儒士交友就是这样：选择志趣相投的人作为自己的朋友，以诚待友，和而不同。

道家提倡“贵和”，即在人际交往中重视慈爱和同。老子云：“我有三宝，持而保之：一曰慈，二曰俭，三曰不敢为天下先。”（《老子·六十七章》）他要求我们用慈爱之心对待他人和万物，待人要谦让，为人不要争斗。另外，庄子认为“至人”应该“能随时上下，以和同为度量”（《庄子集释·山木[疏]》），“和同”成为道家人际交往的准绳。第一，谦和不争。“不得嫉人胜己，争竞功名，每事逊让，退身度人。”即遇事谦让，能做到为而不争。第二，互爱互助。《太上感应篇》提出“宜悯人之凶，乐人之善，济人之急，救人之危”，应当怜悯开导那些恶人，从心底为别人的美好而高兴，帮助身陷紧急困难的人，救助处于危险之中的人。第三，诚信不欺诈。“人当常相教为善，有诚信”（《老子想尔注》），“不精不诚，不能动人”（《庄子·渔父》），人际交往只有“精诚之至”，保持诚信，才能深入沟通，维持和谐关系。道家的这些思想有利于促进人际交往中的友善相待，相信只要人人发扬慈爱和同的精神，我为人人，人人为我，一个诚信友爱、互让互助的和谐社会一定能构建起来。

佛家也十分重视交友，“无病第一利，知足第一富，善友第一亲，涅槃第一乐”(唐·释道世《法苑珠林》)，没有病是最大的利益，知足是最大的财富，好朋友是最亲的亲人，进入涅槃境界才是最大的快乐。佛说，“善友”是第一亲的，足见佛教对朋友的重视。所谓“善友”，正是指那些与我们志趣相投、心灵相通、惺惺相惜之人。有时候至交对一个人的影响比其家人亲属的影响还要多、还要大。

通过对儒释道交友观的分析可以看出，“友”这种伦理关系在中国传统文化中的确占有重要地位。人是社会性的动物，需要与他人共享快乐、分担痛苦。我们一般都愿意与家人或伴侣一起分享成功的喜悦、收获的快乐，但是当遇到困难时，很多时候我们可能不愿亲人、爱人为自己担心，朋友这时也许就是你寻求帮助的最佳选择，他们愿意与你一同分担烦恼、承受痛苦，愿意不遗余力地帮助你、支持你。亲缘关系是以血缘为纽带的关系，关系固定而单一；爱情关系是两个人之间的强烈情感的联结，具有排他性；友情关系则是有聚散离合的关系，而且形式多样，鼓励与其他人一同分享。因此，友情是亲情与爱情所无法取代的。人在社会生活实践中，只有多元的人际关系才能满足特定时刻下人们交流和分享的需要。

友德的一般要求

中华儿女向来注重交友，百姓中流传着这样一句话，“在家靠父母，出门靠朋友”，这在很大程度上说明了我们对朋友的信赖。然而，世界如此之大，每个人都有自己的人生态度、处世方式、兴趣爱好和性格特点，我们如何在茫茫人海中寻找与自己志趣相投的朋友，怎样与自己的朋友保持良好的关系，如何友善地对待周遭的人呢？

交友以德

“近朱者赤，近墨者黑。”(《孟子·滕文公下》)我们生活的环境、周遭的朋友对我们的品行情操有着深远的影响。正所谓“看一个人的身价，看他的对手；看一个人的底牌，看他的朋友”，我们可以通过观察一个人的朋友而了解这个人的底细和德行。朋友亦有好坏之分，也即我们平时所说的益友和损友。如果有幸结识益友，我们便能相扶相长，受益终身；若不幸遇到损友，不但会给我们平添很多麻烦，甚至会将我们引入歧途，害人害己。那么我们应该如何选择朋友呢？

《论语·季氏》中的一段话替我们解决了这一难题：“益者三友，损者三友。友直，友谅，友多闻，益矣。友便辟，友善柔，友便佞，损矣。”也就是说，我们在人际交往中应该结识有德之人，多与“直”“谅”“多闻”的人交往，而努力避开无益之人。“直”即“正直”，这样的朋友性情真诚、胸怀坦荡、直来直往，为人做事不拐弯抹角，对你的错误和偏差一语中的、毫不含糊，能够帮助你成长；“谅”就是诚实守信，真诚地对待周围的人，性格忠厚老实、言而有信、说到做到；“多闻”即是见多识广、博学多闻，与他们交往像是一个学习的过程，总能让我们有所启发和体悟。我们应该选择那些正直、忠诚、见多识广、助力成长的人作为自己的朋友，拒绝与那些不正直、善于伪装、阿谀奉承、夸夸其谈、不切实际的人交友。

庄子则把朋友之交区分为君子之交和小人之交，他指出：“君子之交淡若水，小人之交甘若醴。君子淡以亲，小人甘以绝，彼无故以合者，则无故以离。”（《庄子·山木》）这句话的意思是：君子之间的交情往往看上去很平淡，像水一样清澈、纯洁、不含任何杂质；小人之间的交往因为掺杂着功利之心，表面看上去则像甜酒一样甜腻，但实际上相互算计，与人无益。君子待人虽然比较平淡，但心会越来越亲近；小人待人虽然非常亲热，但这只是一时的表现，终究会因为利益关系而断交。但凡那些无缘无故特别亲近相合的人，最终也会无缘无故地离散。这里的

"淡若水"不是说君子之间的感情淡得像水一样,而是指君子之间的交往不具有任何功利之心,他们交往的目的单纯,因此友谊能够长久存在,并且会越来越牢固;而小人之间的交往,往往包含着浓重的功利之心,他们把友谊建立在相互利用的基础上,他们之间存在的只是利益关系。表面看起来"甘若醴",但对方一旦满足不了自己的利益需求,关系就很容易变质,直至断绝关系。所以,我们在人际交往中,要擦亮眼睛,与君子以及那些能与你一起真诚单纯地交流、相互理解、相互帮助、相互关怀的人交朋友,而要避免与那些为了一己之利而亲近你的小人交友。

改革开放以来,我国社会越来越开放,社会流动性加大,人际交往也逐渐复杂化,世界上生活着信仰、价值观各不相同的人,我们相信,不同个体的交友原则也必然有所差异,但"交友以德"的基本原则必须遵循,慎重地选择朋友,才能真正实现团结互助和共同进步。

待友以诚

朋友是彼此拥有的财富,恰如娇嫩的花儿总能沁人心脾。但是再令人心醉的玫瑰,如果缺少精心呵护,也会有凋零的一天。所以,若要使得友谊之花常开不败,就需要我们用心打理。在朋友关系中,每个人都是独立的个体,每个个体都会有自己的喜怒哀乐,因此,一己的情绪变化也会影响朋友间的感情。那么,我们要如何去经营这份感情,如何用心对待自己的朋友呢?概而言之,应以诚待友。

真诚。真实诚恳、真情实意,坦诚相待。张载说:“人之事在行,不行则无诚,不诚则无物,故须行实事。”(北宋·张载《张子语录》)意思是说:人生之事在于行动,不行动就无诚心,不诚心就不能有始有终做好任何事情,所以人生必须重践行,做实事。交友也是这样,我们应该把最真诚、最真实的想法告诉朋友,坦率、真心地与朋友相处。朋友有难,发自内心地为他担心,并竭尽全力做点实事帮助他;朋友成功,从心底为他高兴欢呼,并能够适时地提醒他谦虚谨慎。

忠诚。对朋友真心实意、尽心竭力,没有二心。《论语》中有这样的记载:樊迟问仁,子曰:“居处恭,执事敬,与人忠。虽之夷狄,不可弃也。”(《论语·子路》)樊迟问孔子什么是仁,孔子讲了三点,其中很重要的一点就是在任何情况下都要忠诚待人。我们对待自己的朋友同样需要忠诚:朋友有错,应当及时指出,并帮助他完善自我,共同进步;朋友有难,应当竭力相助,切不可因一己私利出卖或者背叛朋友;朋友有罪,应及时劝阻,敢于告发,但不离不弃,始终如一,帮助他尽快悔悟。

诚信。诚信是立人之本,是市场经济背景下愈发突出的要求,

友

更是朋友交往过程中最为重要的一个因素。一方面,对朋友要言而有信,孔子强调"言必信,行必果"(《论语·子路》),现实交友中,你承诺过的事情就应当努力信守,如果做不到就不应当轻易许诺;另一方面,充分信任自己的朋友,对他们有足够的信心,不轻易怀疑他们。与人交往最忌讳的是不信任别人。试想我们处处提防朋友,事事都不与朋友分享,朋友将作何感想?所以,接受朋友、相信朋友吧,这是维持真诚友谊的必要条件。相反,能够得到朋友的信任,也是一种莫大的幸福。正如《论语·公冶长》中所提到的:"子路曰:'愿陈子之志。'子曰:'老者安之,朋友信之,少者怀之。'"意思是:子路对孔子说:"愿意听听您的志向。"孔子说:"(我的志向是)让年老的安心,让朋友们信任我,让年轻的子弟们得到关怀。"

以友辅仁

我们交朋友最终是为了什么?曾子说:"君子以文会友,以友辅仁。"(《论语·颜渊》)我们通过学问来结交朋友,进而通过朋友来提升自己的仁德。孟子也指出:"友也者,友其德也,不可以有挟也。"(《孟子·万章下》) 孟子也主张交朋友以切磋道德为主,而不以权势、名利、地位等为目的,"辅仁"才是高尚、纯洁、无私的交友目的。那么,在现实生活中,如何通过朋友"辅仁"呢?

互为明镜。"以人为镜,可以明得失"(《旧唐书·魏徵传》),在与朋友交往的过程中,能够通过朋友了解自己的得失。孔子也说,"三人行,必有我师焉。择其善者而从之,其不善者而改之"(《论语·述而》),我们在与朋友的交往过程中要实现自我完善与自我教育,使自己能够做到“见贤思齐焉,见不贤而内自省也”(《论语·里仁》)。也就是说,看到朋友比较优秀的方面,我们要认真学习,争取迎头赶上;发现朋友有做得不够好的地方,我们要汲取教训,认真地反省自己的所思所行,避免出现类似的问题。我们只有广交益友,互为明镜,才能达到以友辅仁的目的。

相互劝善。互为明镜,强调与朋友交往过程中的自我感悟,而相互劝善则是朋友之间看到对方做错事情、存在陋习,有提醒、规劝的义务。“子贡问友。子曰:‘忠告而善道之,不可则止,毋自辱焉。’”(《论语·颜渊》)子贡在向孔子询问交友的道理时,孔子说,朋友有过失,要尽心尽力劝告他,并引导他向善;要是朋友不听劝导就算了,不要再自讨没趣了。劝善规过是朋友间的道义和责任。如果看到对方做错了事,却不予提醒,让其一错再错,那就不是真正的朋友。真正的朋友必然会开诚布公地批评劝导,推心置腹地向对方说明利害关系。当然,我们要注意,规劝朋友必须注意分寸和场合,讲究规劝的艺术,最好是在不损朋友颜面、不失朋友威信的情况下进行,力劝对方真心改过,朋友之间的关系也能越来越密切。不过,如果对方一时想不通、一意孤行、听不进逆耳忠言,坚持下去只会自取其辱,大伤感情,此时我们也许可以艺术地冷处理,待朋友冷静下来后,再迂回劝导。

彼此扶持。朋友之间必然要相互扶持、相互帮助、患难与共。正所谓“患难见真情”。当朋友身陷困难时,我们应想朋友之所想,急朋友之所急,主动地为朋友排忧解难,成就朋友的幸福。子路曰:“愿车马,衣轻裘,与朋友共,敝之而无憾。”(《论语·公冶长》)这句话的意思是：子路表示他愿意与朋友共同分享、使用自己的马车和衣服，就算是损坏了也毫无怨言。这也就是我们平日里所强调的朋友之间应该有福同享。同时，我们在扶持和帮助朋友的过程中，也能不断升华自己的思想与精神境界，正所谓“予人玫瑰，手有余香”。我们对朋友付出了真情，给予了帮助，收获的不仅仅是朋友的感激，更是自己内心那份助人的喜悦、精神的满足和道德的升华。正如朱熹所说，“取善以辅仁，则德日进”（南宋·朱熹《论语集注》），言下之意，朋友之间若能以善相待、以仁交往，那么我们的道德水平就会日益增进。

待人友善

当今意义上的朋友不再是狭义的亲朋好友之情，而应当以友善的态度去对待周围不同地区、不同民族、不同国度的人。那么,我们应该如何友善地对待身边形形色色的人呢?传统美德告诉我们,应以恕、以礼、以敬待之。

恕。“恕”是指保持一颗宽厚恕人之心。首先,当自己与他人可能会因观点上的分歧产生隔阂或矛盾的时候应该“躬自厚而薄责于人”(《论语·卫灵公》),多反省自己而少责备他人,懂得谦让与宽恕,不要强求朋友的想法、步调与你一致,只要不他人的观点看法并未偏离基本规范,我们就应求同存异。其次,“人非圣贤,孰能无过”,如果朋友与你交往时犯下小错,只要不是原则问题,都应该秉持宽厚之心待友,应有“记人之善,忘人之过”(西晋·陈寿《三国志》)的胸怀。最后,当他人指出自己的缺点和错误时,我们应该有则改之,无则加勉,深刻反省自己的所思所言所行,不应记恨朋友。要以宽广的胸怀接纳别人的苦口良言,这样才能获得更大的进步。

礼。“礼”在中国古代有社会典章制度和道德规范的含义,但随着社会的发展,现在一般用于表示尊敬的态度或行为,在这里则是指个人在与他人交往时所表现出来的必要的礼节和修养。有人认为“熟不拘礼”,人与人之间熟络了,再讲琐碎的礼节会影响彼此的亲切感,其实这是有失偏颇的想法。过于拘礼确实会产生距离感,但试想你身边的好友见到你不亲热地道声好、有事相求不真心地说声麻烦、离开时不依恋地说声再见……你会作何感想?时间长了,这个朋友在你心中的好感度也会下降。俗语常提醒我们“礼多人不怪”,人际交往中,一句礼貌的问候、一声礼貌的歉意、一个礼貌的告别,必定会让对方备感温暖和亲切。礼貌是人们互相尊重的表现,即使再好的朋友,我们也切不能忘记以礼相待。

敬。前面谈到以礼待人是人际交往中相互尊重的表现，而“敬”更突出了对他人的敬重、敬爱。当今社会越来越开放，人们的权利得到重视，人们的思想也得到了解放。然而在日益多元化的社会条件下，人们的思想行为也必然有所差异，不可能整齐划一，每个人都有自己的私人空间，都会有一些不足为外人道的隐私。作为朋友，我们应该充分尊重对方的隐私。他人如果有难言之隐不愿告诉你，而你却不依不饶，一味打破沙锅问到底，这是极不尊重朋友的表现。长此以往，你们的友谊也终究会受到影响。

在日常交往中，我们应该慎重择友，寻找那些正直、诚实、言而有信、能够相互鼓励、相扶相守、共同进步的人作为我们的朋友。与朋友交往时，真诚、坦诚、忠诚、诚信地对待朋友，用心呵护这份情谊，与朋友相互监督，相互促进，共同成长。人类社会是个大家庭，成长在这个大家庭中仍须为他人考虑，严于律己，宽以待人，共同营造和谐美好的大家园。

当代如何践行友德

团结友善是社会主义公民基本道德规范之一，对公民道德建设具有重要意义。在全社会树立起团结友善、助人为乐的新风尚，有利于构建和谐社会，保持良好的社会风气和秩序。友善待人不仅是个人素质的重要方面，更是处理人际关系不可缺少的态度和意识。对待他人真诚一些，人际关系也能更加和谐，个人发展将更加顺利，社会文明进步也会愈加明显。

虽然在家庭教育和学校教育中，对如何交友的问题均有所涉及，大家都知道应该多交良友、莫交损友，也深知友善待人的传统品质，但是现代社会矛盾具有多样性，激烈的竞争与尖锐的利益冲突往往使人们疲于应对。如何与陌生人交往？当弱者求助时应该怎么做？在处理同学关系时能否做到团结互助？万一误交损友要如何应对？哥们儿义气和伦常法纪孰轻孰重？这些都是现实生活中常常遇到的问题，也是践行友德过程中的困境与难题。

善意对待陌生人

现代社会的人际关系与以往相比发生了较大的变化，人们告别了大杂院式的居所，住进了高楼公寓，一般都是独门独户，一扇防盗门隔开了大家的生活圈子；越来越多的商品交易在大型超市和网上商城完成，顾客和商家的交流也止步于买卖关系；人们的生活节奏加快，除了自己的工作圈子以外，很难再培养单纯的朋友圈子，也没有过多的精力与陌生人建立友谊关系；人们的独立意识增强，戒备心理倍增，他们既不愿干涉他人生活，也不想他人打扰自己的生活。人们越来越适应这种狭窄的交际圈子和单一的生活模式。

与此同时，现代人际关系中，随着社会流动性的增强和交通的日益便利，人们与陌生人打交道的机会越来越多，彼此之间都存在猜忌、防范的心理。“各人自扫门前雪，莫管他人瓦上霜”，这种事不关己，高高挂起的心理大大弱化了人们交往的愿望和热情。长此以往，社会风气就会变得越来越冷漠，人们越来越没有安全感，整个社会组织就会逐渐分裂，社会运行效率也会随之降低。而公民之间是否团结互助、相互关怀，不仅是关系个人的小事，也是关系到社会和谐与国家兴衰的大事。现代社会的发展进步需要社会成员的团结合作，只有互助才能有效地加快社会前进的脚步。社会主义市场经济倡导团结协作精神，在人际交往中，我们应坚持集体主义原则，互相支持，互相帮助，互相配合，顾全大局，共同进步。

人与人的信任关系是在交往、实践过程中逐步形成的。首先，微笑拉近距离。无论是在商店面对售货员，还是在路上遇到陌生人，如果都阴沉着脸，又如何能建立起彼此信任的关系？如果在面对陌生人的时候，我们能做到以礼相待，微笑示意，肯定能减轻对方的不信任感和不适应感，拉近彼此心灵的距离。其次，我们要懂得每个人都有自己的秘密，我们应予以最起码的尊重，不窥探他人的隐私，不打扰别人的私生活。再次，现代社会人们的平等意识增强，我们应该平等地对待他人，无论是马路上的环卫工人还是学校里的清洁工阿姨，都是用自身的辛勤劳动为我们创造美好生活的人，我们切不要歧视他们，而应对他们的辛勤劳动表示真诚的感谢。在与他人交往过程中，不能因其地位、家境和文化程度等原因而看低对方，牢记以平等的眼光对待众人，这样才能实现和谐相处。最后，现代社会日趋多元化，人们的思想也日趋多元，与人相处时，应破除狭隘，以宽广的胸怀包容他人，对他人不苛求，待人处事需忍让，体会“退一步海阔天空”的道理。

对待弱者要热心

看到一位老人跌倒在身边，你到底应该扶还是不扶？如今，这个问题让不少人感到困惑，生怕热心助人的行为反而可能会使自己惹祸上身，此种现象也让提倡团结友善、助人为乐等传统美德的中国人陷入了百般无奈的尴尬境地。

对青少年来说，我们要在自己力所能及的范围内帮助弱者，向他们伸出援手，救人于危难之际，助人于急迫之时。尊老爱幼、助人为乐是中华民族的传统美德，老人摔倒时我们断不能不管不顾，而应该立即采取措施帮助他们脱离困境。也许在你犹豫不决时，老人已危在旦夕，导致不可挽回的悲剧。当然，由于现代社会的复杂，我们也应该学会自我保护，使自己免受冤枉。在救助弱者的时候要注意几点：首先，要大声呼救，请求附近群众的支援与协助，并及时报警；其次，要在自己能力范围之内尽力救助；最后，应掌握一定的医学常识，这样才能对危急病人作出正确的处理。总之，一个及时的急救电话、一声急迫的求助喊叫、一个温暖关切的眼神，都是对弱者的安慰和帮助。我们要相信人性的真、善、美，尊重每一个生命，发扬助人为乐的精神。

在日常生活中，我们要尽自己的力量帮助身边的弱者：看到盲人过马路时，在一旁用心指引；看到坐轮椅行动不便的人上下残疾人通道时，在一旁搭个手、轻轻一推；看到有人落水时，以最大的呼救声、最快的速度呼唤能够搭救他们的人……也许我们能做的事情不多，但只要人人都献出一点爱，弱者就能得到更多的救助机会。因此，友善地对待我们身边的弱者吧，你的善意、你的义举可能会让他们有不一样的人生。

同学之间需真心

学校是青少年成长和生活的主要场所之一，同学是我们朝夕相处的朋友。和谐的同学关系，不仅能营造出良好的学习氛围，增

强班级的凝聚力和向心力，更能让我们保持愉悦的心情，和朋友一起分享成长中的喜悦、分担挫败带来的痛苦。现在的青少年，基本上都是独生子女，从小就没有兄弟姐妹的陪伴，有的只是长辈们无尽的关爱，因而我们渴望与同龄人交往，需要友谊，也渴望友谊。

但现实生活中，同学关系处理并不如我们期望的那么理想。由于升学压力的增大，我们越来越关注学习和分数，而忽视了日常的人际交往，和同学间的关系越来越冷漠，甚至扭曲：同学之间因为排名的先后而陷入长期“冷战”，因为老师对对方的一句褒奖而心生嫉妒，因为对方无心之过而怀恨在心，因为朋友与别人说说笑笑、一时忽视自己而耿耿于怀……2004 年，云南大学马加爵因为打牌吵架，认为同学侮辱自己的人格而心生歹念，杀死了四个同

学。这是校园同学关系紧张的一个极端案例，但它却给我们留下了惨痛的教训，让我们意识到重视和维护同学关系的重要意义。

痛定思痛，我们应该如何来用心呵护同学关系呢？我们应从自己做起，从身边的小事做起，理解、包容同学，与同学分享快乐、分担痛苦，用"心"去处理同学关系。首先，同学之间应以礼相待。同学帮助了你，不忘真诚地道声"谢谢"；同学受到了嘉奖，不忘真诚地道声"恭喜"，这样才能赢得彼此的关爱。其次，同学间应理解包容。同学相处时间长了，难免出现摩擦和矛盾，难免会有些不愉快，这时我们需要设身处地为他人着想：如果是同学不对，要理解同学的难处，尊重同学的隐私，宽恕他的错误，不要怀恨在心、伺机报复；如果是自己不对，应该主动真诚道歉，得到同学的原谅。同时，我们要懂得如何进行良性竞争，不要因为同学的优秀而心生嫉妒，甚至百般诋毁，而应真心向其请教，同时自己加倍努力，迎头赶上；也不能因同学的一时落后而奚落他，要真心地鼓励和帮助同学，彼此共同进步。只有这样才能形成良好的"赶、比、超"的学习氛围，在竞争中获得双赢，形成和谐的同学关系，进而形成一股强烈的班级凝聚力和向心力，快乐健康地在班集体中成长和收获。

误交损友要当心

朋友对人的品行情操影响很大，"蓬生麻中，不扶而直；白沙在涅，与之俱黑"（《荀子·劝学》），交友不慎而导致的不良后果在现实生活中并不少见。青少年误交损友而荒废学业，沉迷网络、游戏的案例近年来屡见不鲜。随着网络传播的不断发展，网络交友也逐渐显现出其安全性不足的缺点，网络诈骗时有发生。青少年处于社会交往的关键时期，重情义，也容易相信他人，因此，有许多不法分子利用青少年的这个弱点进行诱骗。臭名昭著的传销之所以屡禁不止，除了受骗者被“一夜暴富”的承诺所诱惑的原因之外，更多的是由于受骗者轻信损友，被拉入传销骗局。近年来，被朋友所骗而卷入传销活动的案例不断上升，其中受害者又以青少年学生居多。西安某高校计算机专业的一个女大学生，由于朋友的一个美丽的谎言，被骗到广西的传销地点，还被限制人身自由，幸而后来抓住机会得以逃脱。然而也有不幸被迷惑的案例：24 岁的小张与小王本是大学时的同学，在小王的诱骗和撺掇之下，经过一个月的“洗脑”，成为了小王的“下线”，后来两人都受到了应有的惩罚。

“杀熟”是犯罪分子的惯用伎俩，它主要以亲友、同学为欺骗对象，犯罪分子往往利用朋友之间相互信任的亲近感进行诱骗。这一方式具有隐蔽性、流动性和欺骗性，所以很难预防。除了执法机关需要加强侦查和宣传以外，还需要依靠个体的警惕与理性。尤其是对于重视友情、信任朋友的青少年来说，在结交朋友的时候要谨慎判断对方的真实意图，要注意保持冷静的头脑。如果发现有不对劲儿、不正常的地方，要理性地分析朋友的言行，伺机行事，必要的时候向执法部门报告，保护自己免受欺骗。

哥们儿义气不可取

哥们儿义气由来已久，古代社会对朋友之间的义气之交十分推崇，甚至赞许为了朋友“两肋插刀”“代友受过”等行为。而近年来，港台影视中有许多对黑社会成员称兄道弟、患难与共的“义气”进行吹捧和详细刻画的作品，青少年开始憧憬能拥有这样一些同生共死的“哥们儿”，甚至在现实生活中，也因为一时冲动作出无可挽回的事。有的人为了帮朋友打群架，一时失手将他人打死、打残，由此导致自己获罪；有的人为了“保护”朋友，协助犯罪的朋友躲藏，最终因包庇、窝藏而获罪……这些案例屡见不鲜。一方面我们感叹当代社会仍然对友谊极其重视；另一方面，我们也为这些重视友情而漠视法纪的人而感到扼腕叹息。在现代社会中，人们的一切行为都要以遵纪守法为基本原则。如果为了哥们儿义气而漠视法律，一味地把讲哥们儿义气作为自己的行事原则，其结果只会害人害己，悔恨无穷。

我们在交友时应该注意方式方法，要做到交友有度、择善而交。朋友之间讲的是信义，但是面对大是大非，应该有自己的独立判断。交友首先要从道和义出发，双方在是非原则问题上要一致。在事关大是大非问题上，不能为了小团体和哥们儿义气而不辨是非，不顾道义，无视原则。

友

第二辑 菁华篇

JINGHUAPIAN

友

《左传》尝载古人之言:“大上有立德,其次有立功,其次有立言,虽久不废,此之谓不朽。”“立言”为不朽之一,而立道德之言尤为可贵。言者,心之声也。道德之言,乃有德者之心声,故而尤其值得珍视。中国作为礼仪之邦、文明古国,历代不乏高贤大德,而他们都有自己的道德体悟之语。本辑所选是古今道德箴言的菁华。这些箴言名句,是古今高贤大德人生经验的凝结,是他们纯洁、高尚心灵的流露。这些箴言名句,可以朗读,可以背诵,可以欣赏,可以怡情,可以励志,可以开慧,可以大心,可以成德。

背诵部分

投之以木瓜，抱之以琼瑶①。匪②报也，永以为好也。

——《诗经·卫风·木瓜》

注释

①琼瑶：美玉。

②匪：同“非”，不是。

解读

这句话的大意是：你将木瓜投赠给我，我拿美玉作回报。不是为了答谢你，而是珍重你的情意，希望永远保持友好。这句话告诉我们：朋友之间的礼尚往来并不是为了相互报答，而是维持友谊的一种方式，要珍视朋友对自己的情意。

友

二人同心，其利[1]断[2]金；同心之言，其臭[3]如兰。

——《周易·系辞上》

注释

①利：锋利。

②断：砍断，斩断。

③臭：同"嗅"，气味。

解读

这句话的大意是：两人心意相同，行动一致的力量犹如利刃可以斩断金属；在语言上谈得来，说起话来像兰草那样芬芳、高雅，娓娓动听，没有污秽的语言。这句话告诉我们：只要朋友彼此团结协作，就能发挥巨大的力量。朋友之间推心置腹的谈话，也如兰草一般令人愉快，使人获得裨益。

君子之交淡[1]若水，小人之交甘[2]若醴[3]。君子淡以亲，小人甘以绝。

——《庄子·山木》

注释

①淡：平淡，淡然。

②甘：甘甜，甘浓。

③醴(lǐ)：甜酒。

解读

这句话的大意是：君子之间的交情，因为不含任何功利之心，往往淡得像水一样清澈、纯洁；小人之间的交情，因为掺杂着功利目的，建立在相互利用的基础上，从表面上看，往往像甜酒一样甜腻。君子待人虽然比较平淡，但心会越来越亲近；小人待人虽然非常亲热，但终究会因为利益关系而断交。这句话告诉我们：真正的朋友更注意感情与精神的层面，好朋友的标准并不是形影不离、亲密无间，而是能够真正经受得了时间和利益的考验。

友

曾子曰："君子以文①会友，以友辅②仁③。"

——《论语·颜渊》

注释

①文：文化，思想。

②辅：辅助，增进。

③仁：仁德。

解读

这句话的大意是：君子应以文化思想来会友，借着朋友间的交流和帮助来增进己身仁德。这句话告诉我们：我们应该与朋友多进行思想上、文化上的交流，通过朋友之间的相互交流来增加自身的品德修养，促进个人的进步。

责善[1]，朋友之道也。

——《孟子·离娄下》

注释

①责善：劝勉从善。

解读

这句话的大意是：劝勉从善，是朋友之间应尽的义务。这句话告诉我们：朋友之间应该互相帮助、共同进步，对朋友身上存在的缺点、错误有提醒、规劝的义务，如果采取姑息纵容的态度则是对朋友不负责任。

友

人之相识①，贵在相知②，人之相知，贵在知心③。

——《孟子·万章下》

注释

①相识：相互认识，人与人交往最基本的层面。

②相知：相互了解，对交往对象有较为深入的了解。

③知心：知道交往对象的所思、所想。

解读

这句话的大意是：人与人相互认识，贵在能够相互了解。人与人的进一步了解，贵在能够理解对方心中的所思所想。这句话告诉我们：要与朋友相知相交，设身处地地去感知朋友内心深处的想法。

今日乐相乐①，别后莫相忘。

——三国·魏·曹植《怨歌行》

注释

①乐相乐：以使对方快乐为快乐。

解读

这句话的大意是：现在，我以你的快乐为自己的快乐，分别之后也就很难忘记曾经的美好。这句话告诉我们：要与朋友休戚与共，以朋友的忧愁为自己的忧愁，以朋友的快乐为自己的快乐，这样友谊才能永固。

大丈夫[①]处世处，当交四海英雄。

——西晋·陈寿《三国志·蜀书·刘巴传》

注释

①大丈夫：有志气、有节操、有作为的男子。

解读

这句话的大意是：有志气的男子要在这个社会上有所作为、有所成就，就必须广交来自四面八方的朋友。这句话告诉我们：人生在世，朋友不可缺。

落地为兄弟，何必骨肉[①]亲。

——东晋·陶渊明《杂诗·人生无根蒂》

注释

①骨肉：代指有亲缘关系的兄弟姐妹等。

解读

这句话的大意是：同一片土地上的人都应该像兄弟般相亲相爱，何必一定是亲缘关系呢！这句话告诉我们：只要能够建立深厚的友情，即使没有血缘关系，也可以像亲兄弟一样相亲相爱。

海内[1]存知己，天涯若比邻[2]。

——唐·王勃《送杜少府之任蜀州》

注释

①海内：全国各地，古人认为陆地的四周都为大海所包围，所以称天下为四海之内。

②比邻：近邻。

解读

这句话的大意是：四海之内只要有了志同道合的朋友，即使远隔天涯，也会如同近邻一般亲近。这句话告诉我们：在日常生活中不要因距离遥远而拒交朋友，而应广交来自五湖四海的志同道合的朋友。

人生所贵①在知己，四海相逢骨肉亲。

——唐·李贺《留别同年索士岩经历》

注释

①贵：可贵，宝贵。

解读

这句话的大意是：人生最可贵的事情是能得到知己，萍水相逢也能比骨肉还亲。这句话告诉我们：朋友是人生旅途中不可缺少的同伴。能够得到知己，就如同在茫茫人海中寻求到了依靠。

桃花潭水深千尺，不及汪伦送我情[1]。

——唐·李白《赠汪伦》

注释

①情：情谊。

解读

这句话的大意是：桃花潭的潭水有千尺深，也比不上汪伦送别我的情谊深厚。这句话告诉我们：真正伟大的友谊是其他任何东西都无法比拟的。

人生贵[1]相知，何用金与钱？

——唐·李白《赠友人三首·之二》

注释

①贵：可贵，宝贵。

解读

这句话的大意是：人与人之间贵在彼此知心友好，相互理解，为什么还需要金钱呢？这句话告诉我们：不要以富贵贫贱作为择友的标准，而应该看对方是否支持你、理解你。

交心不交面，从此重相忆①。

——唐·白居易《伤唐衢二首》

注释

①相忆：彼此回忆和牵挂。

解读

这句话的大意是：只有用心去交流，而不仅仅是表面上交流，我们以后才会真心地回忆和牵挂。这句话告诉我们：要真正地感知对方内心的情感。这样，即使天各一方，也能感受到温暖。

朋友，以义合[①]者。

——南宋·朱熹《四书集注·论语·乡党》

注释

①合：一致。

解读

这句话的大意是：朋友，就是那些志同道合的人。这句话告诉我们：只有志同道合的人才容易成为朋友。

味甘终易坏,岁晚还[1]知,君子之交淡如水。

——南宋·辛弃疾《洞仙歌》

注释

①还:才。

解读

这句话的大意是:味道甘甜的东西总是容易变质,时间长了才知道,君子之间的交往平淡如清水一般,更能持久不变质。这句话告诉我们:朋友之间的交往超越功利之心才可以长久。

若知四海①皆兄弟，何处相逢非故人②。

——南宋·陈刚中《阳关词》

注释

①四海：泛指天下。

②故人：旧友，老相识。

解读

这句话的大意是：如果你理解了四海之内皆兄弟的真正意境，那么在天下哪个地方遇到的人不是老朋友呢？这句话告诉我们：要以一种友好、友善的态度去对待身边形形色色的人，这样生活便会更加愉悦。

路遥知马力[1]，日久见人心。

——元·陈元靓《事林广记》

注释

①马力：马匹的实力。

解读

这句话的大意是：路途遥远才知道马匹的实力，时间长久才能看见人的真心。这句话告诉我们：真正的友情是经得住时间考验的。

相识满①天下，知心能几人。

——《增广贤文》

注释

①满：遍布。

解读

这句话的大意是：平生认识的人遍布天下，但是真正的知心朋友能有几个。这句话告诉我们：人要相识很简单，想要得到知心却非常不易，因此，珍惜你的知心朋友吧。

熟读部分

嘤[1]其鸣矣，求其友声，相[2]彼鸟矣，犹求友声。矧[3]伊人矣，不求友生。

——《诗经·小雅·伐木》

注释

①嘤：鸟鸣声。

②相：仔细端详。

③矧(shěn)：何况。

解读

这句话的大意是：小鸟为何要鸣叫？只是为了求知音。仔细端详那小鸟，尚且求友欲相亲。何况我们这些人，岂能不知重友情。这句话告诉我们：寻求伙伴是大自然许多生物的自然属性与需要，作为既具有自然属性又具有社会属性的人，更是把结交朋友作为生存、生活所不可缺少的社会性需要。

子路问曰:“何如斯可谓之士矣?”子曰:“切切偲偲①,怡怡②如也,可谓士矣。朋友切切偲偲,兄弟怡怡。”

——《论语·子路》

注释

①切切偲偲(sī):互相敬重、切磋勉励的样子。

②怡怡:和气、亲切、顺从的样子。

解读

这段话的大意是:子路问孔子:“怎样才可以称为士呢?”孔子说:“相互敬重、相互勉励、保持和气就可算是士了。朋友之间要相互督促勉励,兄弟之间要和悦相亲。”孔子特别强调了朋友之间的相互督促勉励,一段积极的友谊能够助人进步,促进人的成长。

友

孔子曰："益者三友，损者三友。友直，友谅①，友多闻，益矣。友便辟，友善柔，友便佞，损矣。"

——《论语·季氏》

注释

①谅：《说文》，"谅，信也"。

解读

这段话的大意是：孔子说："有益的朋友有三种，有害的朋友也有三种。同正直的人交友，同诚实的人交友，同见多识广的人交友，便是有益的。同谄媚奉承的人交友，同当面恭维背后诽谤的人交友，同夸夸其谈的人交友，便是有害的。"这里，孔子告诉了我们择友的标准，我们必须与正直的、诚实的、见多识广的人交友，这样才能促进我们的成长。

司马牛忧曰:“人皆有兄弟,我独无。”子夏曰:“商闻之矣:死生有命,富贵在天。君子敬而无失,与人恭而有礼。四海之内,皆兄弟也。君子何患乎无兄弟也?”

——《论语·颜渊》

解读

这段话的大意是:孔子的弟子司马牛忧心忡忡地说:“别人都有好兄弟,唯独我没有。”孔子的另一个弟子子夏道:“我听说过:生死听之命运,富贵有天安排。君子要严肃认真地对待工作,不出差错,对待别人非常恭敬,合乎礼节,天下之大,到处都是好兄弟……君子又何必着急没有好兄弟呢?”这段话告诉我们:在日常生活中,只要以礼待人,尊重他人,到处都可以交到兄弟般的朋友。

悲莫[1]悲兮生别离，乐莫乐兮新相知。

——战国·屈原《九歌·少司命》

注释

①莫：莫过于。

解读

这句话的大意是：再悲伤啊莫过于活生生的别离，再快乐啊莫过于新相交的知己。这句话告诉我们：离别是悲伤而痛苦的，而结识新朋友是快乐的，人生的旅途上总会与朋友相聚分离，应珍惜每一段友谊，结识更多的益友。

少年乐[①]相知，衰暮[②]思故友。

——唐·韩愈《除官赴阙至江州寄鄂岳李大夫》

注释

①乐：以……为乐。

②衰暮：年老。

解读

这句话的大意是：朋友之间，年少的时候相知相交，到了年老的时候都不会忘记有一个知心的朋友。这句话告诉我们：我们在年少的时候要真正关心朋友，了解朋友内心的想法，到了晚年，回忆都会是甜蜜的。

相知[1]无远近，万里尚为邻。

——唐·张九龄《送韦城李少府》

注释

①相知：相互了解。

解读

这句话的大意是：彼此相互了解的朋友是不分远近的，即使相隔万里也像邻居一样感觉近在身旁。这句话告诉我们：真正的朋友不因距离而疏远，只要真诚相待，即使远隔重洋亦可心手相连。

丈夫[1]结交须结贫，贫者结交交始亲。

——唐·高适《赠任华》

注释

①丈夫：大丈夫，有志气、有节操、有作为的男子。

解读

这句话的大意是：大丈夫要结交贫困者作为自己的知心朋友，与贫困者结交，才能建立亲密的坚固的友谊。这句话告诉我们：在患难之中结交的朋友，友情才会牢固、可靠。

人生结交在终始，莫为升沉①中路分。

——唐·贺兰进明《行路难五首》

注释

①升沉：是指在仕宦过程中的升降进退。

解读

这句话的大意是：人这一辈子结交朋友贵在善始善终，不要因为人生中途的自我升迁或罢黜就分道扬镳。这句话告诉我们：我们对待朋友要始终如一，人生进退，都要与朋友一起分享或承受。

人生交契[1]无老少,论交何必先同调[2]。

——唐·杜甫《徒步归行》

注释

①交契:交好,结交。

②同调:音调相同,比喻有相同的志趣或主张。

解读

这句话的大意是:交朋友的时候不必在乎年龄的大小,在交往之前没必要特别强调有相同的志趣或主张。这给我们提供了另一种友善待人、与人交好的启示:与人交往时,顺其自然,不要刻意去追求相同的经历、相同的志趣。在交往过程中,能开阔自己的眼界、提高自己的能力也未尝不可。

山河不足重，重[1]在遇知己。

——唐·鲍溶《杂曲歌辞·壮士行》

注释

①重：重要。

解读

这句话的大意是：人生能够遇到知己比能够坐拥天下更为重要。这句话告诉我们：知己朋友是人生中不可或缺的因素，山河社稷、金银财宝都无法代替。

大凡君子与君子以同道①为朋，小人与小人以同利②为朋，此自然之理也。

——北宋·欧阳修《朋党论》

注释

①同道：相同的志趣。

②同利：相同的利益。

解读

这句话的大意是：君子之间是因为志趣一致而结为朋友，而小人之间则因共同利益而结为朋党，这是很自然的规律。这句话告诉我们：君子之交往往是由于志趣相投，这样的友谊才能持久保鲜。

万两黄金容易得①，知心一个也难求。

——清·曹雪芹《红楼梦》第五十七回

注释

①得：得到，获得。

解读

这句话的大意是：黄金原本就很珍贵，万两黄金就更珍贵了，很难得到，但是得到一个知心朋友却比得到万两黄金更难。这句话告诉我们：千金难买真友谊，如果你遇到了难得的知己，就一定要珍惜。

与朋友交，只取其长，不计[1]其短。

——清·李惺《冰言补》

注释

①计：计较。

解读

这句话的大意是：与朋友交往的时候，要多学习对方的长处，而不要过分计较对方的缺点和不足。这句话告诉我们：在日常交友中，要多学习朋友的长处，人无完人，不要过分计较朋友的缺点和不足。

才非交[1]不用，名非交不发，身非交不立。

——《太平御览·卷四零六》

注释

①交：与朋友交往。

解读

这句话的大意是：通过和朋友的交往，个人的才学得以施展，名誉得以发扬，身份地位得以确立。这句话告诉我们：我们每个人都不是一个孤零零的个体，需要通过朋友的存在来认知自己和实现自身的价值。

友

第三辑 范例篇

FANLIPIAN

中国人的美德

ZHONGGUOREN
DEMEIDE

友

鲁迅先生曾在《中国人失掉自信力了吗》一文中说过:"我们从古以来，就有埋头苦干的人，有拚命硬干的人,有为民请命的人,有舍身求法的人……虽是等于为帝王将相作家谱的所谓'正史',也往往掩不住他们的光耀,这就是中国的脊梁。"本辑所选正是作为中国人道德脊梁的行为故事。他们以自己的实际行动诠释了什么是道德上的崇高。这些故事不过是古往今来具有高尚道德情操的中国人的行为范例之沧海一粟。虽然他们的行为有其时代的烙印和局限,但正因其为后人立德,故而获得了不朽的意义。

知音之交

人生在世，知音难觅，所以我们应倍加珍惜身边那些与我们志趣相投的人。

说起知音之交，我们最先想到的便是俞伯牙和钟子期两个人相知、相交的感人故事。俞伯牙音乐天赋极高，通晓音律，琴技一流，无奈在晋国无处觅得知音，于是请命出使楚国，以期觅到知音。

八月十五那天，他乘船来到了汉阳江口，遇到了大风浪，船夫将船停泊在江边的一座小山下。晚上，风浪渐渐平息了下来，乌云散开，月光洒满江面、山头，景色十分迷人。俞伯牙抬头望着空中皎洁的月亮，他灵感一现，琴兴大发，取出随身携带的琴，专心致志地弹了起来。他弹了一曲又一曲，正当他完全沉醉在优美的琴声中的时候，猛然听到鼓掌叫好的声音。他闻声看去，只见一个人在岸边会心地欣赏着自己的琴声。俞伯牙吃了一惊，手稍稍用力，"啪"的一声，琴弦被拨断了一根。俞伯牙正想询问听者何人，就听到那个人大声地对他说："先生，您不要担心，我只是个樵夫，因为躲雨，回家晚了，走到这里听到您在弹琴。您的琴声真是妙极了，让我不由自主地站在这里欣赏了起来。希望没有打扰到先生。"这个樵夫就是钟子期。

俞伯牙借着月光仔细一看，果然是一个戴着斗笠、披着蓑衣、拿着扁担和斧头的樵夫，他的身旁还放着一捆湿漉漉的树枝。俞伯牙心想：一个打柴的樵夫怎么会听懂我的琴声呢？于是他就问道："你既然懂得琴声，那就请你说说看，我刚刚弹的是一首什么曲

子？”听了俞伯牙的问话，那樵夫笑着答道：“先生，想必您刚才弹的是孔子赞叹弟子颜回的曲谱，只可惜，您弹到绝妙处，琴弦断了。”

樵夫回答得非常正确，俞伯牙内心大喜，心想是遇到知音了，于是连忙邀请他上船来细细交谈、共赏琴音。樵夫看到俞伯牙的琴，不禁大喜：“莫非这就是瑶琴！听说此乃伏羲氏所造。”接着，他轻抚着这把琴，又将这瑶琴的来历娓娓道来。听了樵夫的这番话，俞伯牙不由暗自佩服，这樵夫真不简单，是真正懂得音乐之人啊。接着俞伯牙又为樵夫弹了几曲。当他弹奏的琴声急促、高亢时，樵夫笑笑说：“您这是要表达高山的雄伟气势啊。”当琴声变得清新流畅时，樵夫笑着说：“您这曲是想要表达潺潺的流水吧？”

俞伯牙听了不禁惊喜万分，过去从没有人听得懂自己用琴声所表达的心意，而眼前的这个樵夫竟然听得明明白白，说到了自己的心坎儿上。没想到，在这江边小山下，竟遇到了自己久久寻觅不到的知音。于是他们喝起酒来，边喝边聊，越聊越投机，大有相见恨晚之感，于是两人就此结拜为兄弟。他们约定来年的中秋再到这里相聚，喝酒交心，共话琴音。

两人依依惜别后，俞伯牙更加发奋练琴，希望来年再见知音钟子期时，自己的琴艺能有更大的进步。终于到了第二年中秋，俞伯牙如约来到了汉阳江口的小山下。可是他等了一天，直至傍晚仍不见钟子期来赴约。于是他席地而坐，如痴如醉地弹起琴，希望通过琴声来召唤这位知音。可是这么弹了一夜，还是不见钟子期的身影。俞伯牙心急如焚，他知道钟子期一定不会爽约的。莫非钟子期生病了？俞伯牙越等越焦急，第二天大清早，他来到江边的村落，打听钟子期的下落。一位老人告诉他，钟子期前不久已不幸染病去世了，他没有忘记两个人的约定，临终留下遗言，要把坟墓修在江边，等到八月十五，就能听到好友俞伯牙的琴声，死而无憾了。听了老人的话，俞伯牙万分悲痛。他踉踉跄跄地来到江边钟子期的坟前，凄楚地弹起了去年他和子期一同品评的《高山流水》。弹罢，他挑断了琴弦，长叹了一声，把心爱的瑶琴在青石上摔了个粉碎。他悲痛地说道："世间唯一懂我的知音已经不在了，留着这琴还弹给谁听呢？"知音已逝，从此，俞伯牙不再弹琴。

俞伯牙和钟子期的故事千古流传，《高山流水》的美妙乐曲至今还萦绕在人们的心底耳边。为纪念两个人的友情，人们在他们相遇的地方筑起了一座古琴台(位于今湖北省武汉市汉阳桥头)，让世人记住知音难求，一定要珍惜。世上如俞伯牙、钟子期这样的知音实在是太少了。所以当理解你的人出现时，一定要好好珍惜，相互促进、相扶相长，共同进步。

舍命之交

朋友之间应该相互帮助，相互扶持，关键时刻，能够力挺朋友，即使危及自己的利益时也不畏首畏尾。

春秋时期，楚庄王为了壮大楚国，招贤纳士。西羌积石山(今甘肃省积石山)有一个读书人，叫左伯桃。左伯桃自幼父母双亡，独自一人谋生成长，生活清贫，但他意志坚定，人穷志不穷，有着满腔热情的政治抱负。平日里，他忙于下地干活，但只要一有闲暇时间，就拿起书本用心诵读且常常废寝忘食，不知疲倦。左伯桃听闻楚庄王要广纳天下贤士，深知这是一个绝好的机会，于是背起行囊，告别了父老乡亲，满心喜悦地赶路了。但山高路远，他才走到雍洲(今陕西省凤翔县)时，就已经到了隆冬季节，天气非常寒冷，风雪交加，山路湿滑难行。左伯桃急着觐见楚王，也顾不了那么多，冒着大风雪，踩着泥泞湿滑的山路，迎风走了一天，衣服都湿透了。到了傍晚时分，饥寒交迫的他终于支撑不住倒下了。此时，幸好被身居山林的羊角哀发现了。羊角哀将左伯桃带回自己的居所，为其生火取暖，熬粥充饥。左伯桃慢慢恢复后，两人促膝长谈，发现竟同是胸怀抱负的人，两人相见恨晚，随即结拜为兄弟。在左伯桃的支持和鼓励下，羊角哀决定带着行囊与其结伴前往楚国。

他们离开家后，一路相互做伴，旅途便不再那么枯燥，两人有说有笑，行文作诗，还共同探讨民生国计。后来，两个人迷路了，进入了一个前不着村后不着店的深山老林。“屋漏偏逢连夜雨”，正当他们焦灼时，一场夹杂着鹅毛大雪的风暴毫无征兆地降临了，两人相互依偎着慢慢前行。本来他们带的干粮和衣物就不足，在这样冰雪交加的荒山野岭里，他们更是饥寒交迫，行进困难。左伯桃冻得直哆嗦，说："我看……这方圆一百多里，荒无人烟，干粮接济不上，缺衣少食。若一人独去，还有希望到达楚国；若我们两人都去，恐怕不是被冻死，就是要饿死在中途。你年纪还轻，我实在是走不动了，宁愿死在这里。"说完，左伯桃打了个趔趄，差点儿摔倒，搀着羊角哀继续说道，"贤弟见到楚王，以贤弟的贤德才智必将受到楚王的重用，到时贤弟再来埋葬我也不晚。"羊角哀非常痛惜地说："世上怎有这样的道理？我和你虽然

不是亲兄弟，但与你相处下来，感情绝不亚于亲兄弟。我怎么可以独自去求取功名呢？咱们一定能克服困难走出山林的。”羊角哀说什么也不答应，坚持扶着左伯桃前行。

然而风雪越来越大。左伯桃知道羊角哀学识过人，必能有益于社稷，而自己体质一向不好，怕是熬不过这样恶劣的天气。与其拖累贤弟，倒不如下定决心让他先走。但以羊角哀的性格，绝不可能答应自己的。于是，左伯桃借口太冷需要烤火，让羊角哀去找些枯枝来。羊角哀心急如焚，没有多想就去找树枝了。左伯桃看羊角哀走远了，就脱下御寒的衣物，坐进了一个树洞里。待羊角哀抱回一堆树枝时，左伯桃已冻得面色苍白，憋足了最后一口气，轻声说道：“穿着我的衣服赶路，不要犹豫……记得回来看我。”左伯桃原本虚弱的身子抵不住严寒，在劝说中，他气绝身亡。羊角哀大哭着与左伯桃道别，穿上左伯桃脱下的衣服，叩别了挚友，发誓觐见楚庄王后就马上回来葬友，然后带着沉重的心情继续前行。

羊角哀忍着寒冷和饥渴，几乎不停歇地赶路，终于来到楚国，凭着他的聪明才智，得到了楚王的赏识和重用。但他没有要求楚王封官赐爵，而是向楚王奏明左伯桃舍己救友的感人事迹，并恳请楚王待自己回去安葬好兄弟后，再回来为楚国效力。楚庄王有感于左伯桃和羊角哀的情谊，答应了他的请求。羊角哀快马加鞭地赶回左伯桃辞世的地方，但见左伯桃依旧冰封在树洞中。羊角哀悲痛万分，将其安葬，并为他立碑建了祠堂。

桃园结义

怀抱着“上报国家，下安黎庶”的共同理想，结为异姓兄弟，此后他们甘苦与共、共成大事。这种情谊远比称王称侯还要弥足珍贵。

东汉末年，朝廷腐败，民怨四起。张角率领农民起义军反抗朝廷，起义军头戴黄巾作为记号，这就是历史上有名的“黄巾起义”。东汉皇帝为了镇压“黄巾叛党”，下令各地招收新兵。

这天，刘备正看招兵的告示，不禁慨然长叹。身后挤过来一个黑脸大个儿，名叫张飞，问道：“男子汉大丈夫，叹什么气呢？”刘备说：“我本是汉室宗亲，姓刘，名备。今天听说了黄巾作乱，有志于平叛安民，却无奈自己能力有限，做不了什么大事，所以只能长叹了。”张飞说：“我平日里积攒了点儿钱财，可以招募乡里的勇士和您一起共举大事。您觉得怎样呀？”刘备听闻十分高兴，就和张飞一起到酒家饮酒畅谈。

他们正喝着酒聊着天，一个红脸大汉进来了，喊道：“快给我拿酒来，我急着去参军呢！”这位红脸大汉身材魁梧，胡须飘飘，长着一对丹凤眼，相貌堂堂，威风凛凛。刘备知他定是非凡之辈，于是就邀请他一起喝酒谈天。聊到深处，他们知道这人名叫关羽，因为杀了本地的恶霸，才来到这里，准备投身军旅，为百姓安居乐业出一份力。刘备见到两位英雄都有安民治世之愿，实在是英雄所见略同，于是便激动地说：“我们若能携手合作，共商大事，必定能成就一番事业！”关羽和张飞都表示赞同。三人越谈越痛快，便一同来到

张飞的住处,共议大事。张飞说:“我的庄园后院有一处桃园,这几天桃花开得十分旺盛。明天我们择个好时辰,在桃园中祭告天地,结为兄弟,协力同心,共谋大事。你们觉得怎样?”刘备和关羽齐声说:“真是个好主意!”之后三人便各自回家。

第二天,在桃园中,张飞备下乌牛、白马等祭礼,刘备、关羽和张飞一起焚香祭拜、起誓。按照年龄次序,拜刘备为兄,关羽次之,张飞为弟。这就是著名的“桃园结义”。之后,三人又在桃园设下酒宴,把乡中的勇士都聚集在一起,三百多人在桃园痛饮。

三人结拜为兄弟之后,关羽和张飞一直尽心尽力地辅助刘备成就大业,即使在形势万分危急时,依然不避艰险。三人信守誓言,结为一体,祸福与共。后来因为刘备战败,关羽被曹操俘虏,曹操以极高的规格款待关羽,想将他拉拢到自己的阵营。关羽却一直“身在曹营心在汉”,一心挂念着他的大哥——刘备。曹操派出手下大将张辽去试探关羽到底有无心意留在曹营,关羽十分感慨地告诉张辽:“我知道曹公待我不薄,心里也很是感激。可是我与刘备将军早已结拜,誓言同生共死,这是不可以违背的。”在以后的岁月中,关羽、张飞为辅佐刘备恢复汉室而出生入死、赴汤蹈火而在所不惜。这种同生共死的伟大友谊,被后世所推崇和敬仰,成为世代传诵的“八拜之交”之一。

鸡黍之交

信守承诺，即便生死相隔，友谊也能长久不变。

汉朝有一个秀才，姓张名劭，字元伯。张劭家里本来是务农的，母亲年近六旬，弟弟张勤在家种田。张劭一心向学，辞别老母亲带着书囊到洛阳应考。路途遥远，张劭便在洛阳附近的一个小镇上投店歇息。

当天晚上，他听到旁边的房间里有人在痛苦地呻吟，就唤来店小二问："隔壁住的是谁？"店小二答道："是一个秀才，得了重病，快要死了。"张劭说："既然我们都是读书人，应当前去看望他。"店小二劝阻道："他得的是传染病，我们尚且不敢去看他，秀才你就别去了。"张劭说："生死有命，怎么能说看望病人就会被传染呢？我一定要去探望。"张邵说完就径直朝病人房中走去，只见一个面黄肌瘦的人躺在床上，身边放着书囊，想必也是去洛阳应考的读书人。张劭对病人说："你不要担忧。我也是应试的学子，今天看到你病得这么重，我一定竭尽全力救助你。你放心吧！"病人说："谢谢你！如果你能救我，我一定好好报答你。"

在张劭的悉心照料下，病人竟然痊愈了。原来这位病人是楚州人，姓范，名式，字巨卿，世代经商，已经成家。最近放弃经商，来到洛阳应考。张劭为了照顾范式，耽误了考试的时间。范式说："如今因为我的病，耽误了你取得功名，实在是心里不安。"张劭说："大丈夫以义气为重，功名富贵只不过是浮云而已，早有定数，又怎能说是因你而耽误了呢?”范式与张劭结拜为兄弟,从此亲如骨肉。半年之后,范式打算回家,两人离别之时到酒家共饮,看见杯中泛有菊花,才知道已经是重阳之日。范式说:“我自幼父母双亡,在商海沉浮多年,虽然很想读书,但为生活所累,不得不分心养家。今后你的母亲就是我的母亲。明年今日,我一定到你的家中拜会母亲,与你再叙情谊。”张劭说:“农村小地方没有什么可款待的。如果兄长不嫌弃,我到时将会设下鸡黍酒菜,请你信守承诺一定要来。”范式说:“我怎么会失信于贤弟呢?”他们又喝了好几杯酒,然后依依不舍地分别了。

转眼间就到了第二年的重阳节。张劭一早就开始准备杀鸡煮饭,布置居室。他的母亲说:“范式的家离这里路途遥远,恐怕他未必能如期而至,等他到来再杀鸡也不迟。”张劭说:“范式是一个讲信用的人,他一定会按时到来的。”张劭听得前村有狗叫声,便走出门外张望,如此走了六七次。等到傍晚的时候,范式果然风尘仆仆地来了,拜见了张劭的母亲,与张劭畅谈许久之后才告别而去。

范式与张劭分别之后,过了一段时间,张劭就得了重病,在他弥留之际,朋友郅君章、殷子征来看望他。这时张劭对郅、殷二人叹息说:“只遗憾不能见到我的死友!”子征听了很奇怪,问:“我和君章尽心地伺候你,难道还不是你的死友?”张劭说:“你们俩是我的生友,而山阳范式,他才是我的死友。”不久,张劭就死了。

张劭死后,范式就做了一个梦,梦到张劭对他说:“范式,我已于某日死,某日下葬。请你一定来见我最后一面。”范式醒后感觉这个梦像是真的一样,于是就急忙奔赴张家。在范式还没赶到时,张

家已把棺椁送往墓穴，准备下葬。但无论人们怎么使劲儿，棺椁都不能放入墓穴中。张劭的母亲抚摸着棺椁说："儿呀，难道你还有什么愿望吗？"于是将棺椁停放在墓穴边等候。就在这时，张劭的母亲看到远处有人驾着白车白马，号哭着赶来。劭母望着这白马说："一定是范式来了。"范式来到以后，哀伤地说："好兄弟，你好好上路吧，从此我们就永别了。"此时参加葬礼的人感动得纷纷落泪。接着，由范式来引导下葬仪式，仪式进行得十分顺利。下葬后，范式又为张劭修坟植树，全心全意地尽了"死友"之责才离去。

他们之间令人感动的友谊被人们称为"鸡黍之交"，又称为"生死之交"，是明义守信、同甘共苦的友谊典范。

管鲍之交

朋友相交，贵在相知。相互了解、彼此信任才能维护友谊。

管仲和鲍叔牙都是公元前7世纪春秋时期的政治家。管仲家里比较贫穷，鲍叔牙家比较富有，但是这无损他们之间坚固的友谊。他们之间彼此了解、相互信任，经历了很多事情。

管仲和鲍叔牙早年一起经商，管仲本钱出得少，但是分取利润的时候拿到的钱却不少。鲍叔牙的仆人抱怨说："主人，你为什么让管仲拿这么多钱呢？"鲍叔牙毫不计较，说："管仲并不是因为贪财才拿钱的，是因为家里负担比较大。"鲍叔牙还问管仲："这些钱够不够？"

管仲帮鲍叔牙出主意办事，反而把事情办砸了。鲍叔牙身边的人都怪管仲出馊主意坏事。鲍叔牙也不生气，还安慰管仲说："不是因为你的主意不好才办不成事的，而是因为时机不对。你不必介意。"

管仲曾经三次为官，但是每次都被罢免。鲍叔牙为管仲辩解说："不是因为管仲没有才能，而是因为没有遇到伯乐，没有碰到赏识他的人而已。"管仲参军作战，冲锋时留在最后面，撤退时却第一个先跑。鲍叔牙也没有嘲笑管仲怕死，而是说："管仲并不是贪生怕死，而是因为牵挂家中的老母亲，是为了尽孝道才如此的。"

当时齐国朝政很乱，国君的儿子们为了避祸，纷纷逃到别的国家等待机会。管仲辅佐在鲁国居住的公子纠，而鲍叔牙则在莒国侍奉齐国另一个公子小白。不久，齐国发生暴乱，国君被杀。公子纠和小白听到消息，急忙动身赶往齐国争夺君位。两支队伍正好在路上

友

相遇。管仲为了阻止公子小白当上国君，就向小白射了一箭，谁知正好射到小白腰带的挂钩上，没有伤到小白。后来，公子小白当上了齐国的国君，即为齐桓公。齐桓公一当上国君，就杀死了公子纠，把管仲囚禁起来。齐桓公想让原先辅佐他的鲍叔牙当上卿，但鲍叔牙却认为自己没有当上卿的能力。鲍叔牙对齐桓公说："在治理国家方面，我不如管仲。管仲能制定规范的国家制度，还善于指挥军队，我却不具备这些才能。所以陛下要想治理好国家，就只能请管仲当上卿。"齐桓公说："管仲当初一箭差点儿把我杀死，我不杀他已经是仁慈了，怎么还能让他当上卿？"鲍叔牙马上说："我听说贤明的君主是不会记仇的，更何况当时管仲是为公子纠效命。他能忠心地为当时的主人办事，也一定能忠心地为您效力。陛下如果想称霸天下，没有管仲就不能成功。请您一定要任用他。"齐桓公终于被鲍叔牙说服了，封管仲为上卿，而鲍叔牙却甘心做管仲的助手。在管仲和鲍叔牙的合力治理下，齐国成为当时诸侯国中最强大的国家，齐桓公也成为诸侯王中的霸主。

鲍叔牙死后，管仲在他的墓前大哭不止。想起鲍叔牙对他的理解和支持，他悲伤地说："想当年我的主人公子纠夺位失败，别的大臣都以死誓忠，我却甘愿被囚，鲍叔牙没有耻笑我失去气节，而能理解我是为了图谋大业而忍一时之辱。生养我的是父母，但是真正了解我的是鲍叔牙啊！"管仲和鲍叔牙之间相互信任的深厚友谊，成为中国代代流传的佳话。到现在，人们常常用"管鲍之交"来形容自己与好朋友之间的亲密无间和彼此信任。

李大钊和蔡元培的友谊

怀着共同的民族理想与爱国情怀，李大钊与蔡元培以北京大学为基地,并肩战斗,谱写了一段伟大友谊的佳话。

1917 年 1 月,蔡元培就任北京大学校长。在学校管理上他秉承“兼收并蓄”的方针,接纳各种不同的人才,使得北京大学的学风向着自由、宽容的方向发展。蔡元培在北京与李大钊结识之后,觉得李大钊对图书知识,尤其是人文、社科类图书了解颇多,因此在1917 年 11 月,聘请李大钊到北京大学图书馆任职。从此,两位伟人的合作和友谊就开始了。

正是由于蔡元培的任人唯贤，李大钊在北京大学图书馆任职期间提出了许多有益于图书馆发展的建设性意见，从理论到实践上都极大地推动了图书馆业的发展，也激发了北京大学学子求学探索的热情。蔡元培不仅对李大钊的学识和才华十分赏识,也很赞同他对学生的爱护之情。五四运动发生时，爱国学生齐聚在天安门，举行了声势浩大的游行。国民党反动军警借故抓走爱国学生31 人、市民 1 人。听到军警抓人的消息,李大钊作为北大教职员联合会代表,与学生联合会一起直接参加营救被捕学生的工作。李大钊积极动员舆论、组织群众与反动当局斗争,日夜坚持工作,连星期天也守在办公室里。同时,他又发动学生骨干去各大城市进行宣传以扩大影响。蔡元培竭力支持李大钊救援学生的活动,坚决地站在爱国学生一边,对于反动当局镇压群众的暴行十分反感。蔡元培

友

听说反动军警们抓了学生，便亲自赶去参加北大近千名学生的抗议集会。在会上，他情绪激昂地登台发表讲演，痛斥反动政府，表示愿意出面为营救被捕的学生而斗争。蔡元培还广泛联合各高校校长商量营救学生的事宜，亲自带领各高校校长去警察厅交涉，辗转教育部、总统府、国务院……要求立即释放被捕的学生和群众，均遭拒绝。

后来在李大钊等人领导的全国群众斗争的巨大影响下，蔡元培的营救活动取得了胜利。蔡元培不顾多日奔波的疲劳，亲自参加在北大广场召开的欢迎被捕学生的大会。在会上，他用嘶哑、疲惫的嗓音慰问和鼓励爱国学生。校长的支持让被捕的学生和群众热泪盈眶，他们更加坚定了爱国斗争的决心。可是，蔡元培支持爱国学生的行为在反动当局看来却十分刺眼，反动当局便采取诸多高压政策，逼迫蔡元培辞职出走。不仅如此，反动当局还乘机企图另外派人来北大任校长，又就此挑拨离间蔡元培与学生的关系，到处散布谣言，说蔡元培是因为不满学生的爱国行动而辞职的，企图制造“反动学生逼走校长”的舆论压力。

在当时混乱的形势下，有的学生听信了反动当局的说法，产生了对蔡元培的不满。此时，不少学生领袖跑去问李大钊对此事的看法。李大钊十分了解蔡元培这个朋友，深知蔡元培爱护学生之情，便向学生们揭露了反动当局的阴谋，并积极组织学生们发起挽留蔡校长的运动。此时，蔡元培也给学生们写了一封辟谣信，表示热烈支持学生们的爱国举动。这封信揭露了反动当局的谎言和险恶用心，激起了学生们更大的愤怒。反动当局的行径也让北

京大学的教职工十分愤怒。教职工一致推选李大钊为职工代表之一，去教育部要求挽留蔡元培校长。在李大钊等人的组织和宣传下，北大师生展开了更大规模的斗争，并引起了社会舆论的支持。在群众运动的压力和社会舆论的支持下，反动当局不得不表示"挽留"蔡元培。反动当局的阴谋失败了，蔡元培在师生们的夹道欢迎中，重新回到北大。蔡元培重回北大，是北大师生不懈地斗争换来的胜利成果。李大钊在组织斗争、宣传蔡元培爱护学生等方面也发挥了极大的作用。

李大钊为了爱国斗争事业和党的事业奋不顾身地工作着，不仅将空余时间都用作研究和宣传马列主义，就连辛苦工作所得的工资也常常用于资助贫寒爱国青年和支付党组织活动的经费。李大钊每月工资在当时不算低，但他吃得十分清淡，冬天只穿一件棉絮衣服，夏天也只有一件简朴的布衫，上下班也坚持步行。虽然他严于律己，但对待贫寒青年却十分关照，导致一到月底李大钊家里常常揭不开锅。蔡元培知道此事之后深受感动，他与李大钊一样从心底爱护学生，也十分关心李大钊的健康，因此，蔡元培特别嘱咐会计科，每月发工资时，先为李大钊扣下家庭生活费，让李夫人随时支取，以维持家庭日常开销。

伟大的马克思主义者李大钊和民主革命家蔡元培之间的友谊是建立在共同爱护学生，支持学生爱国活动的基础上的，他们相互支持、相互配合，在爱国斗争和学生运动中起到了十分重要的作用。他们的友谊也在我国近代史上立下了一座精神的丰碑。

徐志摩与沈从文的友谊

人的生命会忽然泯灭，而纯挚无私的友情却长远坚固永在，我们需珍惜。

1922年，沈从文离开家乡来到北京求学。可仅有小学学历的他连普通大学也考不上，更不要说进清华、北大了。他只好自学，每天一早便进入京师图书馆，直到闭馆才出来。图书馆不开门的时候，他就待在没有火炉的屋里，窝在被子里看自己带来的《史记》。他成为了北京大学的旁听生，在这里他结识了很多朋友，也听了许多著名学者的课。精神上满足了，学问上进步了，可他的生活却困窘到了极点，靠友人接济或在公寓和小饭馆赊账度日。

为了生存，也为了把自己的思想、见闻表达出来，沈从文开始拼命写作。可是，对于一个学历低且毫无名气的青年，社会最初的反应可想而知。他寄出的大量稿子全都石沉大海，毫无音讯。有时，他甚至因没有邮资，连寄送稿件都成了问题。但他坚持不懈，渐渐的，他的文章被几家报刊所接纳。最早给予沈从文充分认可，刊出其多篇诗歌、散文、小说，激发其创作信心的是徐志摩主编的《晨报副刊》。1925年10月，徐志摩应邀担任《晨报副刊》的主编。副刊天天都要发行，徐志摩开始从来稿中仔细挑选，渐渐地，沈从文进入了他的视野。自此，沈从文的作品开始出现在这个刊物上。而经常在这个刊物上发文的是胡适、梁启超、凌叔华、舒新城、闻一多、冰心等非常有名的作家，沈从文能跻身其间，自然信心倍增。对身陷困境的沈从文，徐志摩的这种欣赏、这份提携，来得多么及时，多么重要！

说起徐志摩对沈从文的欣赏，可举一例。当年的11月11日，副刊登了沈从文的《市集》。这篇文章文字精致、优美而鲜活，徐志摩在文末写下评语，“这是多美丽多生动的一幅乡村画”。这却引起了沈从文的不安，因为这篇稿子在另外两个刊物上也刊登过，这已是第三次面世了。沈从文感到有些对不住徐志摩，便写出一篇《关于〈市集〉的声明》寄给他，向他陈述事实经过，并诚挚道歉。而徐志摩竟登出了这段声明，并在文章最后附言，大意是：你的作品是值得读者再读三读乃至四读五读的作品。沈从文在徐志摩的推重下慢慢在文坛立住了脚跟。对徐志摩的知遇之恩，沈从文从未忘怀，他在作品集的序言中，言真意切地表达了对徐志摩知遇和感恩的心情，两人由此结下了友谊。

后来，沈从文离开了北平，前往上海求发展。他办过刊物，搞过出版，可最终都没有成功，还欠下了一堆债务。此时，徐志摩又对沈从文伸出友谊之手，帮助他摆脱困境，还写信催促沈从文回北京发展。但沈从文拒绝了。他认为卖文字没有出路，徐便推荐他去胡适任校长的上海中国公学教书。只有小学学历的他，因徐志摩的大力举荐，主讲大一的“新文学研究”和“小说习作”。不久，胡适试图干预政治，受到当局挤压，被迫辞去校长职务，沈从文随即也跟着离开。1931年秋，经胡适、徐志摩推荐，沈从文又应聘去山东青岛大学任教。在这里，他听到了徐志摩的死讯，便不顾一切连夜坐车赶到了济南，送徐志摩最后一程。徐志摩去世，给沈从文的打击非常大，之后的不长时间，在纷繁的情绪中，沈从文写诗撰文来评价徐志摩的精神，纪念徐志摩。

1935 年 12 月，徐志摩离世四年，沈从文在《大公报·文艺副刊》上，组织了一期《徐志摩纪念特刊》。在特刊里，沈从文极力赞美徐志摩的文学造诣，赞扬徐志摩廓然的心胸、扎实的工作态度和热情的待人之道，深深地表达了他对徐志摩的感激怀念之情。这种感情一直持续到了沈从文的晚年。他在《友情》中再次谈到了徐对自己的无私提携和深刻影响，并感慨“人的生命会忽然泯灭，而纯挚无私的友情却长远坚固永在，且无疑能持久延续，能发展扩大”。

没有徐志摩的欣赏和提携，沈从文的文学道路也许是另一番景象。沈从文将徐志摩提携之恩、赏识之情上升为最真诚的感情，并将这一感情持续到晚年。从他对徐志摩的怀念，我们可以体会到他们之间真诚而感人的友情。他们不愧为文人交友的典范！

梅兰芳与齐如山的友谊

朋友,就是那个别人都在表扬你时,给你当头一棒,专门挑你毛病的人;朋友,就是那个别人都抛弃你时,却永远支持你,力挺你的人。

梅兰芳为人富于涵养,所以他一生朋友很多。他的成功不仅仅在于自己的天赋,更在于他以自己的人格魅力吸引了一批支持他、鼎力帮助他的朋友。梅兰芳每次唱戏都会留一排座位给自己的捧角家们,也就是很多人戏称的"梅党"。他们中有专门为梅兰芳演出提供经费支持的"钱袋子",也有为其谋戏和办理文案的"戏袋子",毫无疑问,冯耿秋是绝对支持梅派的"钱袋子",而黄秋岳和齐如山则是敢言直批他的"戏袋子"。梅兰芳每演出一场,"戏袋子"们都陪同他吃夜宵,大家边吃边聊,讨论今天的戏哪里演得好、哪里还欠火候、应该怎么改进,大家各抒己见,直言不讳。梅兰芳用心听着,有则改之无则加勉。黄秋岳和齐如山就是他最忠实、最可靠的"戏袋子"。后来,黄秋岳因向日本人透露情报,被蒋介石下令枪毙了;黄死后,齐如山成为了梅兰芳的御用"戏袋子"。

民国初年,齐如山就爱看梅兰芳的戏。他每次看完梅兰芳的戏就有些想法想跟梅兰芳谈,却无奈素不相识,无法与梅兰芳促膝交谈。有一次,他看了梅兰芳演的《汾河湾》后,感觉有美中不足之处。他爱听梅兰芳的戏,也希望梅兰芳的表演技术臻于完善,于是他写了一封长信给梅兰芳,其中写道:"昨观《汾河湾》,你演得很好,一切身段，都可以算是美观，尤以出入窑之身段最美。所以美之原因，在水袖运用得合适，于该段增色很多。此戏有美中不足之处，就是窑门一段，您是闭窑后，脸朝里一坐，就不理他了。这当然是先生教得不好，或者看过别人的戏都是如此，所以您也如此。这是极不应该的，不但美中不足，且甚不合道理。有人说回来的正是自己分别十八年的丈夫，自己虽不信，当然看着也有点儿像，所以才命他述说身世。在这个时候，那个人说了半天，自己无动于衷，且毫无关心注意，有是理乎？别的角儿虽然都这样唱，您则万万不可……所以此处旦角必须有极切当的表情，方算合格，将来才能成为好角。”指出这些后，他还根据剧情的逻辑联系，分析了其他几个地方存在的纰漏，如薛仁贵和柳迎春的表情有问题等。句句言之有理，切中要害。齐如山将这封信寄出后，如释重负，他完全不在乎梅兰芳收到了会有什么反应，就当一吐为快了。谁知梅兰芳接信后，发现齐如山所言句句中肯，分析得合情合理，认为齐如山很懂戏。梅兰芳大喜，给齐如山回了一封长信。

后来，梅兰芳还试着按齐如山的意见把戏默走一遍，发现自己果然比原来自然多了。他认定，这样改动才真正符合剧情的发展，于是接下来在与谭鑫培合演《汾河湾》时，就大胆地按照齐如山的意见进行了演绎。那天演到薛仁贵追到了窑门被关在外面，当时的一大段唱腔博得台下的阵阵叫好。接下来一段过门中，在这个不应该有叫“好”的地方，观众又都叫起“好”来了。起初谭鑫培觉得奇怪，后来发现梅兰芳正坐在椅子上做身段呢，那叫好声显然是冲着梅兰芳来的。谭鑫培起初有点儿不高兴，后来一琢磨，这样改动是

有道理的，就顺水推舟地把戏唱下去了。这时，坐在台下看戏的齐如山发现自己的意见受到了梅兰芳的重视，于是就更频繁地给梅兰芳写信。梅兰芳演完一场戏，都能接到齐如山的长信，信中有对他的赞美，但更多的是希望梅兰芳能改进的意见和建议。梅兰芳始终是闻过则喜，努力改进。长期的书信往来让他们成了好朋友。后来，梅兰芳直接找来齐如山，让他辞去原本的工作，成为专门为自己的戏出谋划策的“戏袋子”。梅兰芳特别器重齐如山，齐也不负厚望，为梅兰芳出了很多好点子。不仅为梅派艺术出谋划策，改进旧戏，而且在梅兰芳有志创作和表演新的历史剧的时候，齐如山更是大显身手。一个好的设想，往往是由梅兰芳智囊团中的某个人提出，再由几个人议论起来，渐渐有了“戏胆”。一旦梅兰芳有了灵感，就由齐如山执笔写出剧本，再由梅兰芳和王幼卿等人设计唱腔、动作、表情等，几经排练，方可在台上演。

20世纪30年代梅兰芳组团访美演出时，齐如山也是立了大功的。他赶写了《中国剧之组织》《梅兰芳的历史》，编印了《梅兰芳歌曲谱》，又组织画工画了剧场背景图案。总之，一切为了让美国观众能看懂并喜欢梅兰芳的戏。梅兰芳访美演出大获成功，齐如山功不可没。

友

勤 孝 节 礼 信 义 正 智 谦 友 俭 耻 仁 和 忠 勇

巨匠的友谊

所谓友谊，即人与人之间的一种良好的关系，其中包括了解、欣赏、信任等诸多情感。友谊是不受年龄，性别、地位限制的。作为画坛的两位巨匠级的人物徐悲鸿和齐白石，他们之间的年龄相差30多岁，但却有着常人所不知晓的深厚友谊。

大家都知道齐白石本是木匠出身，但凭着自身的天赋和刻苦勤奋，不仅在绘画上取得很高的造诣，而且一枝独秀不落古人窠臼。但在当时以模仿古人为能事的国画界，齐白石的处境十分尴尬，唯徐悲鸿对其画作甚为赞叹、敬佩。徐悲鸿于1929

年担任北平艺术学院院长后，亲自登门拜访这位仰慕已久却素不相识的画家,并提出欲聘其为北平艺术学院教授的请求,但连去两次齐白石的家,均被婉言谢绝了。徐悲鸿没有灰心,又第三次登门邀请。67岁的老画家被深深感动了,终于道出顾虑:自己从没有进过洋学堂,连小学都没有教过又如何能教大学?若遇上学生调皮捣蛋,自己这把年纪,恐怕摔个跟斗就爬不起来了。徐悲鸿便告之:他无须讲课,只要在课堂上给学生们作画示范就行,并且自己一定在旁边陪其上课。这样,齐白石才答应试一试。

次日清晨，徐悲鸿亲自坐着马车来恭请齐白石，学生则站在校门前以热烈的掌声迎接老画家来校任教。齐白石登室当场作画，学生都在一旁仔细观摩。画完后，在徐悲鸿的引导下，齐白石与学生展开了热烈的讨论。这堂课上得生动有趣，学生、徐悲鸿以及齐白石自己都觉得很满意。课后，徐悲鸿又亲自送齐白石回家。临别时，老画家激动地说："徐先生，你真好。我以后可以在大学教书了，我应当拜谢你。"说着便双膝下屈，欲对才 34 岁的晚辈徐悲鸿行大礼。徐悲鸿急忙扶住他，热泪盈眶……两位画坛大师，就这样开始了他们终生不渝的友谊。

在当时的北平，画坛观念极为落后，徐悲鸿欲革新中国画的主张遭到保守派的激烈反对，就连聘齐白石为教授之举也成为众矢之的遭到非议。"齐木匠居然也来当教授了！"流言蜚语、诽谤刁难，一时俱发。徐悲鸿深感孤掌难鸣，只好辞去院长职务，南下沪宁。临行时，他去辞行，齐白石当场画了幅《月下寻归图》相赠，并在画上题诗曰："草庐三顾不容辞，何况雕虫老画师。海上清风明月满，杖藜扶梦访徐熙。"

之后徐悲鸿南下，和齐白石书信往来不绝。当时，齐白石尚未正式出过画集，只是自费印制了 200 本画册赠送亲友。为了扩大齐白石的艺术影响，徐悲鸿向中华书局推荐，并自任编辑亲写序言，终使齐白石的第一部画集正式出版。齐白石收到自己的画集和稿酬时，无比喜悦和激动。老人又一次被徐悲鸿深深感动了。

抗战胜利后，徐悲鸿急从重庆致信齐白石，很快便收到回信。齐白石在信中满怀深情地写道："生我者父母，知我者君也！"不久，徐悲鸿回到北平，立即去拜访齐白石。分别17年后，故友重逢，两人不禁悲喜交集。不久，徐悲鸿就任北平艺专校长，立即聘请齐白石担任该校名誉教授，并经常与齐白石在一起作画、长谈，他们之间的友谊更深厚了。

1948年，平津战役打响，北平的国民党要员纷纷逃离。北平解放前夕，南苑机场被炮火封锁，国民党政府在东单广场抢修临时机场，派飞机来将一些著名专家及其家属接走。徐悲鸿也在此名单中，但他坚决拒绝去南京。不久，田汉潜入北平，向他转达了毛泽东和周恩来对他的希望：在任何情况下都不要离开北平，并尽可能在文化界多为党做些工作。徐悲鸿非常激动，次日便去看望年近九旬的齐白石。这时，有人向老人造谣说：共产党有个黑名单，进城后便要把这批名单上的有钱人全都杀掉，他已是“榜上有名”。但徐悲鸿告诉他，北平很可能会和平解放。万一城内出现混乱，便会来接老人去北平艺专，护校的学生可保护其安全。共产党对所有对文化有贡献的人都很尊重，自己也坚决不走！齐白石老人一向最信任徐悲鸿，听他这么一说，疑虑顿消，脸上露出了欣慰的笑容。后来，他们共同迎来了北平的解放，也迎来了他们晚年在艺术上大放异彩的春天。

中国画坛的两位巨匠徐悲鸿和齐白石之间的深厚友谊，超越了他们年龄之差，留给后人太多的思考。

陈寅恪与吴宓的友谊

朋友之间就要惺惺相惜、扶助前行、荣辱与共、至死不渝。

在中国近现代学术史上，吴宓与陈寅恪是两座傲然挺立的连峰。他们的交往始于1919年哈佛读书至1969年陈寅恪辞世，之间正好是50年。1925年，吴宓担任清华大学国学研究院主任，聘请陈寅恪为导师。此后两人共事于清华，吟诗唱和，朝夕共处。外界对吴宓的离婚问题很不谅解，唯有陈寅恪尊重他个人的决定；许多人羡慕吴宓事业成功，唯有陈寅恪希望他放下繁杂事务，专心学术研究。

抗战爆发后，清华大学教职员工都被疏散了，吴宓与陈寅恪仍然留在清华。后清华校址临时南迁，他俩也相继离开北平南下。他们相聚在云南蒙自，经常相约在湖边散步，共论时局，忧叹国事。1939年春天，陈寅恪接受了英国牛津大学教授一席的聘请，准备于当年夏天携家眷赴英讲学。吴宓在昆明海棠春餐馆为陈寅恪饯行时，吟诗作赋，告别友人，深深不舍。但因战争原因，陈寅恪未能赴英，在港滞留到9月，然后重返昆明授课。陈寅恪深感失望与苦恼。吴宓深知朋友复杂的心情，时常安慰和陪伴他，并协助他料理琐事。这之后，两人经常在翠湖边散步，谈国事校事家事。陈寅恪经常惦念和担心卧病在床的妻子，吴宓总是尽量安慰他。吴宓有烦心的事情，陈寅恪也及时劝说开导。

1940年暑假，陈寅恪再次去香港等候赴英的时机，却又因时局关系而落空，于是留在香港大学授课。这期间，两人通过书信密切交流学术观点、表达思念之情。1941 年，日军占领香港，吴宓一直担心陈寅恪的现状，直到他脱险归来，才放下心来，并吟诗庆祝他安全归来。后来，两人都执教于燕京大学，共事共学，吴宓感到陈寅恪苍老了许多，加上陈寅恪的眼疾越来越严重了，右眼久已失明，左眼也越来越危险，心里不免特别担心和难过。

最不愿发生的事情最后还是到来了。1944 年 12 月，陈寅恪的左眼也看不见东西了，只好入院治疗。吴宓得知后，几乎每天前往探视，有时候一天要去两三次。吴宓担心陈寅恪的情绪焦躁影响眼睛复明，便安排学生们用心陪护，自己也经常去看望，每次都是久久地陪坐、宽慰他。治疗没有成功，对陈的打击很大。但在亲朋好友的鼓励下，陈寅恪坚强地面对现实，心情也逐渐好起来，吴宓对此感到高兴。陈寅恪出院后，吴宓经常去他家看望，共同探讨中外政治等，并为他读报、录诗。这段时间，陈寅恪作诗较多，吴宓都认真地为其抄写整理。一次吴回西安探亲，不顾旅途劳累，硬是为陈寅恪带回很多明目的枸杞子、黄芪。

1945 年秋，英国牛津大学约请陈寅恪去伦敦治疗眼睛。吴宓知道消息后非常高兴，希望陈寅恪可以医好眼睛并能留在牛津讲学，便想尽法子为他办理出国手续、安排航班。最后自己累倒了，吴宓还不忘恳请前往英国讲学的邵循正教授在路上陪伴陈寅恪。即便这样，吴宓还是一直担心陈寅恪看不见，到了伦敦该怎么照料自己的生活。他每时每刻都牵挂着陈寅恪，甚至在夜深人静的时候，还在默默祈祷好友能顺利医好眼睛恢复视力。然

而，陈寅恪在英国虽然做了两次手术，但依旧没有治好眼疾，两人都非常失望，心情十分沮丧，但吴宓一直写信宽慰失落中的陈寅恪，鼓励他、支持他。

后来，陈寅恪回到复校搬回北平的清华，吴宓则留在武汉大学任教。他们依然通过书信或者报刊、亲友、学生的书信了解对方的情况。这份沉甸甸的友谊，一直贯穿于两位学者的一生，平淡却不平凡，持久却又浓烈。无论身处何处，他们彼此挂念着对方，并且在学术的道路上相互鼓励、相互切磋，给后人留下了一笔笔宝贵的精神财富。

牺牲自己，只为救助群众，把群众当作亲人对待，这种优秀的品德在革命年代发出崇高的光芒。

有一位普通的红军战士叫谢益先。谢益先平日里话不多，可每一项任务都完成得十分认真，很快就成了革命队伍里出色的红军战士。过草地的时候，战士多，粮食少，每人只分了三四斤干粮。这三四斤“救命粮”仅仅能勉强支撑着战士通过草地。大家把分到的干粮都看成宝贝，有的人专门缝个小布袋装起来，有的人还在袋子上绣上自己的名字。大家都格外珍惜这点儿粮食，谢益先也不例外。他也将粮食细心地装在一个小布袋中，带着这仅有的一点点口粮，踏入了漫无边际的草地。

有一天，红军战士们正在没过膝盖的草地中艰难地行进着，忽然听到前面有孩子的哭声。待到战上们走到近前一看，原来是一个面黄肌瘦的妇女，带着两个瘦弱不堪的孩子坐在路旁。战士们见两个孩子瘦得皮包骨头的样子，都十分痛心，饥饿已经将他们折磨得不成样子了。战士们走过这两个孩子身边，都要停一停，有的战士从袋子里抓一把自己的干粮递给那个妇女，有的战士摸摸干瘪的粮袋，摇摇头含着眼泪走开了。部队继续前进，有战士发现谢益先掉队了。不一会儿，谢益先从后边赶上来了。大家关心地问他：“你怎么掉队啦？是身体不舒服么？”谢益先回答道：“没事，我只是看了看那两个孩子而已。”

那天以后，大家便发现谢益先跟平常不一样了。以前，每次到宿营地，他就积极地帮大家拾柴、烧水。而现在，只要放下背包，他就一个人悄悄走开，等大家吃完饭，他才露面。有的战友问他："吃了吗？"谢益先就拍拍自己的肚子故作轻松地说："吃饱了！"后来，谢益先的秘密终于暴露了。原来他是有意避开大家，去找野菜吃。有时候没能找到野菜，就只能喝点儿凉水充饥。有人问谢益先："你的干粮吃完了吗？这样下去怎么行呢？"班长对他说："你多少还是吃点儿粮食

吧，大家可以给你凑点儿。”“离走出草地的日子还长着呢，大家伙能省就省点儿。班长，你放心，我能坚持。”谢益先坦然地回答。

过了几天，谢益先逐渐衰弱了，每走一步都很费劲，已经不能跟上队伍了。班长看到他身体状况太差，就叫一个小战士扶着他走在队伍后面。可谢益先还是没能走出草地，就永远地闭上了眼睛。战友们都十分痛心，但也只能继续赶路。终于，历经千辛万苦，队伍走出了草地，不远处便发现了之前看到的那个妇女。她带着两个孩子站在路边东张西望，逢人就问：“同志，姓谢的同志在吗？”她拿出一个洗得干干净净的干粮袋，上面还歪歪扭扭地绣着个“谢”字。这名妇女感激地说：“这位姓谢的同志是我们全家的救命恩人啊！那天，他把自己的干粮袋给了我，还说孩子不吃东西不行。我想问他叫什么名字，他也不吭声。唉！多亏这些粮食啊，要不，我们娘儿仨早就饿死了……”

此时战士们都明白了，谢益先不吃粮食，是因为他没有粮食了。谢益先宁愿牺牲自己也要团结群众！战士们都忍不住落下泪来。“出了什么事情？”那个妇女不安地问。“他……他死了！”一名战士哽咽着回答。那个妇女愣住了，眼圈红了，她低下头，抖动的两手紧紧抓住那个空干粮袋，呆呆地看着上面的那个“谢”字。“妈妈，你怎么哭了？”那个大孩子扯着母亲的衣角问道。那位妇女弯下腰，对孩子们认真地说：“孩子，你们都要记住，我们是红军叔叔用生命救出来的啊！以后一定要支持红军叔叔！”谢益先即便在艰难困苦的环境中依然不忘团结群众、帮助群众，难道不是团结友爱的榜样吗？

唐山十三农民兄弟

不是归途，是千里奔波，雪中送炭；不是邻里，是素不相识，出手相援。他们用纯朴、善良和倔强的行动，告诉了我们“兄弟”的含义。

唐山十三农民兄弟，又称唐山十三义士，被网友称为“唐山十三侠”。这十三位农民兄弟分别是宋志永、杨国明、杨东、王加祥、王得良、宋志先、王宝国、王宝中、曹秀军、尹福、宋久富、杨国平、王金龙。他们都是河北唐山人，年龄最大的62岁，最小的19岁。他们被选为“2008年感动中国人物”。

2008年初，特大雪灾袭击了华南地区，湖南郴州成了一座冰雪中的孤城。千里之外的唐山玉田农民宋志永坐在电视旁，看新闻一直看到凌晨4点。第二天，宋志永就拿着三万多元钱和一封村里开的介绍信，毅然上路了。他与同村的十二位普通农民一起，租了辆面包车，带着锹和镐等工具，奔赴湖南遭受冰雪灾害最严重的郴州，帮助当地人民抗雪救灾，重建电网。这十三位志愿者说：“三十多年前唐山大地震时，全国人民都在支援我们，南方遭了雪灾，我们应该去支援他们。”

2月8日大年初二一大早，这十三位来自唐山市玉田县东八里铺村二组的农民，自己准备了工具，赶到郴州电力抢险指挥部。由于不懂电力技术，他们主动承担了搬运工作，成了湖南电力安装工程公司一支编外“搬运队”，起早贪黑、踏雪履冰为抢修工地扛器材、搬材料、抬电杆。从那天开始，宋志永和他的伙伴们每天开着车早出晚归，转战宜章、桂阳等地，先后帮着竖起了7座高压线塔架、7根电线杆。更多的时候，他们往返于山上山下运送电线、塔料。在抢修现场，他们有的手被冻伤，有的脚被扎伤，但是都咬牙坚持，没有一个人中途退出。21日是元宵节，这十三位来自唐山的农民兄弟依旧投身到郴州电网恢复的工作中，帮助运送电缆，在工地上度过元宵佳节。直到2月23日，农历正月十七，十三位唐山农民兄弟完成了在郴州的救灾任务，才准备离开郴州返回唐山。许多郴州市民得知这一消息后，自发地赶来为他们送行。他们还被郴州市授予“荣誉市民”的称号。

2008年5月12日，四川汶川发生地震。得到消息的宋志永打车辗转数千里，在第一时间赶赴灾区，很快投入了当地的抗震救灾活动。随后，其他十二位农民带着家乡人捐的善款和爱心衣物，也以最快的速度赶到灾区。他们用最原始的方法——铁锤砸、钢钎撬、徒手刨，不断地寻找幸存者。只要哪里需要，他们就到哪里。他们与解放军、武警战士一起，救出了25名幸存者，刨出近60名遇难者遗体。“宋志永爱心志愿小分队”穿的红马甲，成为醒目的“爱心名片”。在他们的感召下，一批又一批志愿者来到地震灾区参加救灾重建，形成“宋志永现象”。

地震灾区许多校舍成为废墟或者危房，孩子们面临着暂时失学的威胁。十三位农民决定，尽最大努力，带一批孩子回唐山读书。2008年6月16日，四川安县灾区246个孩子，由宋志永接到了玉田银河中学，开始了新的学习生活。学校专门腾出两层教学楼，为孩子们单独编制了二至五年级各两个“川班”，抽调10多名优秀教师为他们授课。200 多名孩子在唐山生活了一年，随着震后灾区重建，2009 年 7 月 26 日，最后一批川娃返回家乡。

“别人需要的时候无怨无悔地帮助别人，得到的这种理解和感动对自己来说，就是一种充实、一种力量，什么都无法跟它相比。”这是十三位农民亲历两次救灾的感受。现在，他们最大的愿望，就是做终身的志愿者。灾难无情人有情。当我们同胞的生命受到威胁时，我们血脉相连的中国人的凝聚力促使我们在瞬间紧紧地拥抱在了一起，唐山十三农民兄弟的义举印证了中国人的团结与互助传统，虽不是亲兄弟，却能在危急关头相互扶持、相互帮助，这正是中国人的美德力量。

放弃高考复习，远赴北京救人

他话不多，却总是露出自信的微笑；他年龄不大，却懂得担当社会责任。面对名利，他显得坦然而平静。救人于危难之际，不愧为"最美高中生"。

张文驰是湖北襄阳第一中学高三学生。2011 年 10 月，在检索骨髓数据库后，张文驰和福建 4 岁白血病患者小天天配对成功，张文驰表达了捐赠意愿。一开始，文驰的父母并不同意他捐赠骨髓，因为正值文驰高考复习的紧张时期，又要参加南航的飞行员体检，实在是风险太大。但文驰说："功课落下可以补，但那个孩子的生命只有一次。如果不能及时救人，我会后悔一生。"他成功地说服了父母，开始接受全面体检。结果显示，他的各项指标均符合造血干细胞捐献者的要求。2012 年 2 月 9 日，由于患儿病情加重，必须在 3 月下旬进行造血干细胞移植，而此时正是高考冲刺的关键时期，张文驰也犹豫过。他曾与骨髓库工作人员商量能否推迟捐献，但由于患儿情况十分危急，要是推迟捐献，情况将不堪设想。"如果推迟捐献，孩子恐怕就等不了了。"中华骨髓库湖北分库工作人员沉重地说。为挽救小天天的生命，张文驰作出决定——在高考最紧张的冲刺阶段，来北京救助素昧平生的小天天。

2012 年 3 月 26 日 7 时 33 分，在北京海军总医院，张文驰的第一注鲜血开始缓缓流入造血干细胞采集机，18 岁的他将捐献 50 毫升造血干细胞，这份"生命的种子"将注入 4 岁白血病患儿小天

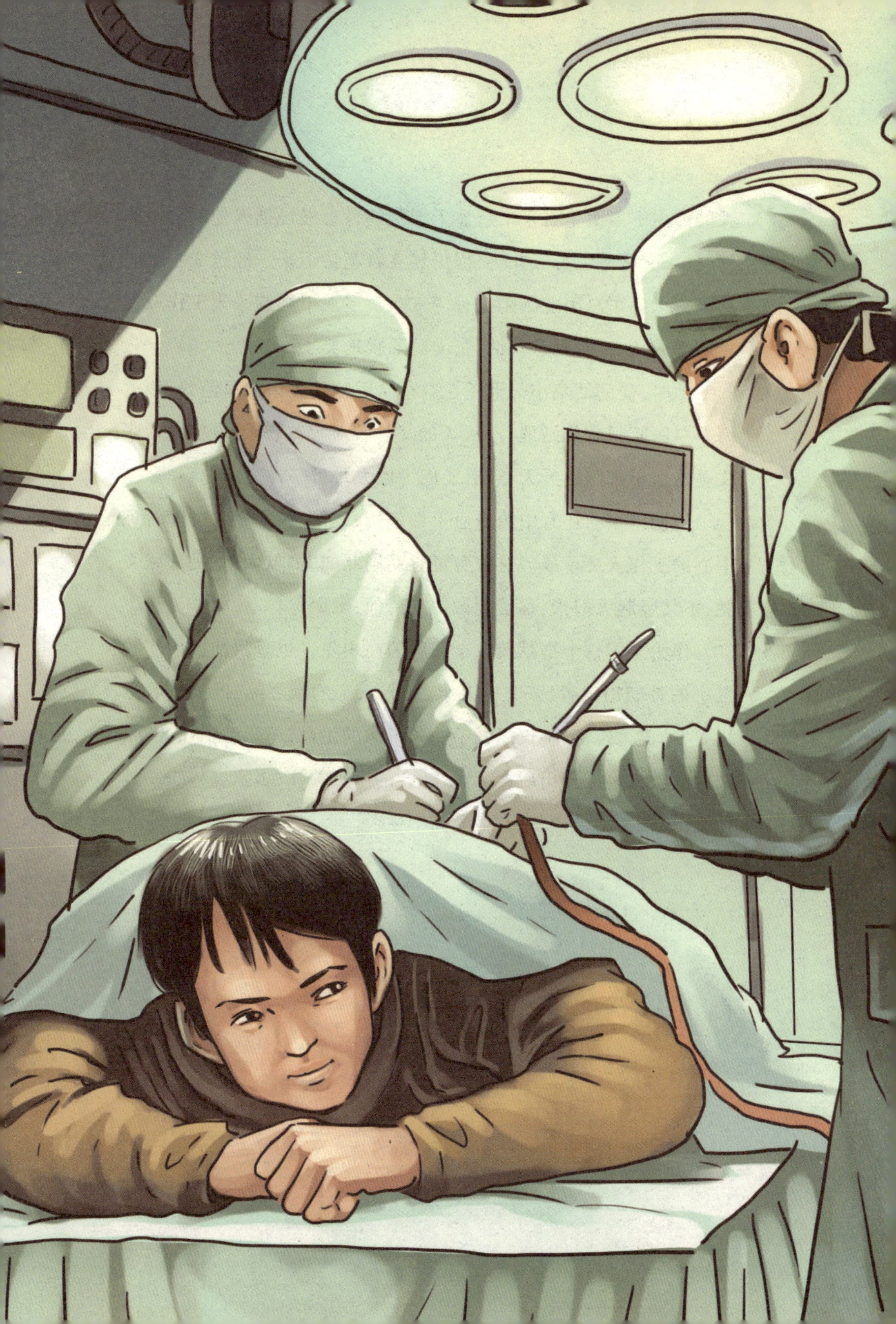

天的体内。当医生将采集造血干细胞的针管慢慢插入他的两只胳膊时，张文驰感觉有点儿疼，但仍然笑着坚持下来。经过 3 个小时的采集，海军总医院副院长孙涛宣布："造血干细胞采集工作取得了圆满成功。"听到这句话，张文驰腼腆地笑了。

此时，受助幼童小天天正在空军总医院的无菌舱里治疗，距离海军总医院只有几站地。小天天的父母曾对媒体表示，希望输入张文驰造血干细胞的天天，今后能成为像大哥哥一样充满爱心的人。

随同来京的还有中国造血干细胞捐献者资料库湖北分库管理中心的工作人员章晟。这位曾经感动湖北的"捐献大王"提起张文驰，不禁竖起大拇指，称赞地说："支持他，敬佩他！"

作为全国首个捐献造血干细胞的高中生，也是目前国内年龄最小的骨髓捐献者，张文驰秉承着"救人于危难之际，助人于窘迫之时"的美德传统，不仅拯救了一条稚嫩的生命，还感动了社会。张文驰的救人事迹传出后，受到了社会的广泛关注，多家媒体纷纷进行报道，张文驰也被誉为"最美高中生"。

K165次列车英雄乘务组

K165次列车乘务组,这个英雄的集体,在紧急关头,临危不惧,心系他人,团结互助,与乘客共渡难关,挽救了1000多名乘客的生命。

让我们一起回到2010年8月19日15时15分——这是中国铁路历史上让人窒息的一刻。2010年8月下旬,四川省境内持续大暴雨,石亭江洪水暴涨。8月19日15时,迎着倾泻而下的暴雨,西安开往昆明的K165次客车满载着1300多名旅客,在四川的大山中穿行。当列车行驶到石亭江大桥时,突然开始左右摇摆,紧接着上下剧烈颠簸,随即,列车在刺耳的急刹车声中骤然停下。

列车长王巧芬也被这突如其来的刹车声惊住了。回过神后,她立马往窗外看去,这一看更是吓了一跳:列车停在一座大桥上,两边波涛汹涌的洪水近在咫尺!"不好,出事了!"凭着多年跑车经验,她意识到列车可能发生了重大险情。她迅速召集在餐车的乘警长孙昭和乘务长赵祥云一同打开9号车厢车门分头下车察看。迎着瓢泼大雨,眼前的情景更加触目惊心:凶猛的洪水冲垮了石亭江大桥5、6号桥墩,7号桥墩也已倾斜,列车前10节车厢已驶出大桥,10号和11号硬座车厢已经分离,相距20多米,车体严重变形,铁轨已扭曲。第11至18号车厢停在桥上,其中15、16号车厢呈V字形悬空,随时可能坠入桥下,被凶猛的洪水吞噬,1000多名旅客的生命受到了严重的威胁。

洪水疯狂地肆虐着,暴雨越下越急,大桥桥面在慢慢塌陷,三节车厢在缓缓下沉……情况万分危急，旅客可能随时被卷入肆虐的洪流中！看着窗外咆哮着的洪水，置身在即将下沉的车厢，旅客们陷入极度惊恐、慌乱中，一些旅客哭喊着、尖叫着，纷纷涌向车厢门口，这样非常不利于救援工作的开展，甚至会让车厢的下沉速度更快。王巧芬意识到必须赶紧疏导旅客，她临危不乱，立即启动应急预案，组织所有乘务人员迅速展开了一场转移旅客的生死大营救！她冒着如注的暴雨，一边在大桥上奔跑一边向车厢里的乘务员大喊："赶快打开车门，把旅客疏散到桥头安全地带。"还不时用对讲机指示广播员发布通知，安抚旅客情绪。乘务员们在王巧芬的指挥下，临危不惧，分工协作，打开车门，一边用心地安抚旅客，一边井然有序地疏散他们。安排完毕后，王巧芬与乘警立即赶到情况最危急的16号车厢，同乘务员一起转移旅客。由于15、16、17号车厢停车位置已经与其他车厢分离，并悬在半空，旅客被突如其来的险情吓呆了，车内秩序非常混乱。工作人员一边安慰旅客，稳定车内秩序，搀扶老年旅客、儿童和妇女下车，一边肩扛手提地帮助旅客将行李抢运下车，在最短的时间内把旅客转移到了安全地点。为确保旅客生命财产安全，王巧芬用对讲机通知11至17号车厢的列车员，必须检查确认本车厢旅客全部下车后方可离开。旅客疏散完毕后，王巧芬再次用对讲机和手机通知副车长、乘务长、乘警长核对全列车人数，确认全部人员脱离危险区后才能最后撤离。

经过乘务人员和热心群众的奋力营救、团结互助，在短短十几分钟的时间内，所有旅客全部被转移到了安全地带。十几分钟以后，令人胆战心惊的一幕发生了，15、16号车厢先后坠入河中，被凶猛的洪水冲走了。

这真是洪水无情人有情。在这场突然降临的险情面前，列车司机果断采取紧急制动措施，在最短的时间内将列车停稳；乘务组临危不乱，迅速组织旅客有序撤离。此次事故中，正是乘务人员和旅客们临危不乱、奋不顾身、团结互助，井然有序地开展救援工作，才无一人伤亡，创造了抢险救援的奇迹。旅客们不会忘记，人们不会忘记，不会忘记K165次列车上那群临危不乱、团结助人的可爱的乘务组工作人员，不会忘记这个伟大的英雄的集体！

天使的翅膀

“这份真情，足够享用今生。黄浩心里只有一句话：祝福同学。”看到这句话，我们不禁会发出这样的疑问，黄浩是谁？他为什么会说出这句话呢？故事原来是这样的：

黄浩是四川人，自小就被养父母抱养。自2002年黄浩便患上了颈椎间盘突出、腰椎间盘突出、肩周炎等疾病。由于养父年龄渐长，身体不好，家里经济条件也不好，再加上生病，黄浩渐渐与养父母关系僵化。患病后的黄浩仅靠在停车场看车的每月不足千元的收入维持生计，一直没有结婚。虽然与养父母住在一起，但交流很少。

2012年4月30日，黄浩曾就读的夹江县第二中学92级1班同学举行毕业20年聚会。全班48个同学，来了43个，黄浩没来。同学们隐约知道黄浩过得不太好，猜想他可能不愿意参加聚会，所以没有强求他来。直到5月的一天，已在成都定居的黄浩的同学杨利带家人去夹江县妇幼保健院看病，停车时发现一个熟悉的身影，这个身影正是黄浩。正当壮年的黄浩行动缓慢，引起杨利的关注。之后，黄浩向杨利讲述了自己患有颈椎间盘突出、腰椎间盘突出、肩周炎等疾病已有约10年，此前曾进行过手术，但从去年开始又严重起来。2002年至2003年，他曾在北京当过厨师，后因病重回到家乡。从2011年10月开始，他找了份在停车场看车的活儿，每月收入不足千元。想要去看病的话，还需一大笔钱，黄浩向杨利讲述了自己的经历并表达了自己的为难之处。杨利获知这一情况后，立即在同学群里公布，并号召大家帮助黄浩。

6 月初，黄浩的 6 名同学先集体捐款 6000 元，由在夹江的同学薛亚军开车带他到成都看病。此后，黄浩又陆续来成都就诊四五次，都是由薛亚军开车接送。

7 月 11 日，黄浩在同学的陪伴下住进武警成都医院。医生郑可玉得知是几十名同学在帮助黄浩看病后十分感动。经诊断，目前黄浩存在腰椎间盘突出、颈椎间盘突出、脊柱侧弯、双侧肩周炎等情况，但都

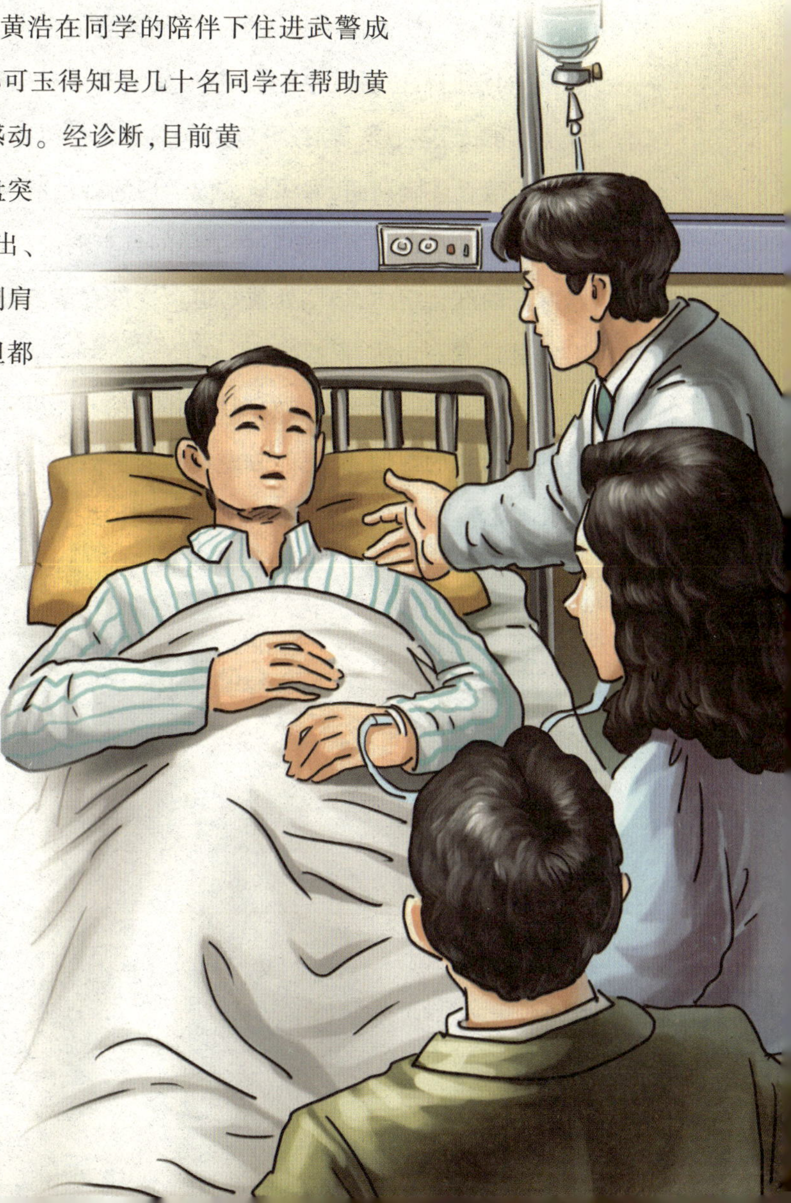

没有生命危险，经治疗后可维持基本生活自理。

黄浩的同学为其设立了专门的捐款账号，截至7月23日，已有30多名同学为其捐款，捐款近3万元，还不断有同学来医院轮流照顾他。

黄浩的同学尹俊华是同学会成都分会的会长，她了解到的情况是：同学们希望通过检查和治疗，使黄浩恢复生活自理能力和部分工作能力，等他恢复后，可以去同学开的公司，从而自食其力。

黄浩在住院期间，深深地被同学们的行动所感动，为此他专门写了一篇文章记录下同学们帮助他的点点滴滴。白色的纸上是密密麻麻的红色字体，结尾处他写道："这份真情，足够享用今生。黄浩心里只有一句话：祝福同学。"

如果不是同学无意间发现患病的黄浩，如果不是20年前的初中同学无私的帮助，又怎能改变黄浩的生活？是啊，这份真情怎能不让黄浩享用今生呢？又怎能不令我们为之动容呢？

爱心网店 领跑生命

10多天销售出3000多件货品,好评率100%!2012年这一年,淘宝网上突然出现了这么一家奇怪的网店。出售的商品就更加离奇了——“同学爱心”。原来,这一切都是为了帮助一个身患尿毒症、风华正茂的女孩。

这家淘宝店铺的网址为“http://baogu3.taobao.com/”,店名为“靠谱的苞谷”。整家店只有一种名叫“同学爱心”的虚拟物品,该商品的售价10元。从2012年10月11日商品上架开始,截至10月22日下午,“同学爱心”的成交记录为3438件,好评率100%!

这到底是一家什么样的店铺?所出售的“同学爱心”又是什么呢?这一切,还得从一位名叫易雯诺的女孩说起。

2007年,易雯诺从重庆市万州第二高级中学毕业后,考入上海大学社会学院。作为一名贫困生,易雯诺在大学申请到了国家助学贷款。尽管家庭条件一般,但生活中,易雯诺却是一名美丽、自信、阳光且充满爱心的大学生。

2010年,作为一名上海世界博览会志愿者,她在街头发放地图,为游客答疑解惑,每天从9点工作到下午3点。从9月到10月底世博会结束,她足足忙活了两个月。在同学们眼中,她人缘很好,乐观而开朗。

然而,天有不测风云。2011年毕业体检和入职体检中,易雯诺查出患有高血压。到了10月份,因为身体不舒服,在西南医院检查时，易雯诺又被查出患有慢性肾衰竭，后在重庆新桥医院进行了确诊。

此后的一年中，易雯诺先后五次在重庆新桥医院、重庆市第一人民医院、重庆三峡中心医院这三家医院住院进行治疗。

“因为经济原因，一直没有透析，采用保守治疗。我硬是拖到了10月份。一直以来，自己都处于高度中毒的状态，之前一年的治疗已经花了近10万元。当老爸说要考虑卖掉房子的时候，我突然萌生了上山出家隐居的想法。”易雯诺说，“当时因为病情加重，心情不好，很悲观，就想记录下自己的心情，希望把自己与病魔抗争的全部过程以及最终的胜利都写出来。人人网上的日志便是在这种情况下发表的。”

此前，易雯诺并未将生病的消息告诉同学们，这篇日志一经发表，就在同学中掀起了巨大的波澜。从网上的日志里得知易雯诺患病的消息后，同学们迅速行动起来，准备捐款，帮助小易。

在年级QQ群里商量后，同学们一致选定了淘宝平台。但由于开网店需要认证，拥有一家闲置网店的学姐小邱就主动提出来，可以用自己的淘宝店进行设置。于是，10月11日，这家名叫“靠谱的苞谷”、只有一种商品的网店就这样问世了。

网店开起来了，上海大学社会学院人人网主页和新浪微博主页进行了转载，并注明捐款方式和淘宝地址。易雯诺的同学也纷纷开始在人人网上转发她的日志。记者看到，短短十多天，易雯诺的这篇日志阅读量就达到了4700余次。

通过同学们不遗余力的宣传、转发，从10月11日，“同学爱

心”开始销售，10天时间内，“靠谱的苞谷”网店中，“同学爱心”总成交记录为3438件，按每件10元计算，通过淘宝途径收到的捐款已达到34380元。

单是10月21日一天，“靠谱的苞谷”就出售了90笔“同学爱心”。从来源看，捐款来自重庆、上海、北京等地。在成交记录中，单笔拍下的“爱心”少的1件、2件，多的达100多件，最高的达到200件。

在网络上，易雯诺收获到的不仅是金钱的捐助，更多的是关心、鼓励和祝福。有网友这样写道：“小易加油！虽然素昧平生，虽然我只奉献了微薄的10块钱，但我真的深深被你乐观的生活态度吸引了。人生在世，终点都是一样的，好好珍惜每一天才是最重要的。看到你充满活力的笑容，从心底里为你高兴，愿你早日康复，希望有一天可以看到健康的你。加油！加油！”

热心定格友谊

2012年5月2日,中国国际航空股份有限公司重庆分公司刘嫚乘务组执行CA4342次航班由广州飞往重庆的任务。在航班中,乘务组热心地为一名少数民族学生向其朋友转交了生日礼物,并通过广播号召全体旅客向他的朋友献上生日祝福,一起来见证他们深厚的友谊。

由于广州白云国际机场上空出现强雷雨天气,原定19:10起飞的航班在延误了一个小时后,机长通知乘务长刘嫚说天气开始好转,现在可以通知旅客登机,然后等待起飞。就在旅客登机时,一名地服工作人员将一封信交给乘务长刘嫚,说是一名旅客请他转交给当班乘务长的。乘务长打开信一看,原来是来自广东外语外贸大学的一名少数民族学生写的,说他和他的同学阿迪力·艾海提今天将一同乘坐本次航班,他们已经相识几年,几年里阿迪力·艾海提给了他很多帮助,特别是在他病重的时候阿迪力·艾海提给予了他无微不至的照料,这让他非常感动,从此,两人建立起了非常深厚的友谊。信中还说今天恰好是阿迪力·艾海提21岁的生日,希望乘务长能在这特殊的日子、特殊的环境,转交一份生日礼物给他,并希望能在广播中向阿迪力·艾海提献上生日祝福,以此带给他惊喜。乘务长刘嫚从这些恳求的字句中感受到了他们之间深厚的友谊,非常感动,她表示在90后的大学生中有这么一颗感恩的心,有这样深厚的兄弟情,有这样善良的举动实属不易,于是欣然答应了

信中的请求。之后，地服工作人员又将那份需要转交的生日礼物交给了乘务长。

乘务长知道那位学生让地服人员代他转交礼物是为了不让他同学发现，给他同学一个生日的惊喜。于是，飞机起飞后，乘务长不动声色，将乘务员悄悄地召集起来，征求大家意见，看怎么做才能将这个惊喜放大。经过商量，乘务员周望在那份生日礼物上面贴上了一张写有名字和座位号的纸片，交给了阿迪力·艾海提，并笑着说道："先生，您的东西遗忘在候机楼了，地面服务人员让我交给你！"阿迪力·艾海提一头雾水，面露茫然。当他打开了生日礼物上面的一封信时才恍然大悟。这时，客舱里响起了广播："尊敬的各位乘客，欢迎您选择搭乘国航航班。今天是2012年5月2日，也是本次航班乘客阿迪力·艾海提先生21岁的生日。请允许我代表中国国际航空股份有限公司以及本次航班全体机组成员祝阿迪力·艾海提先生生日快乐、身体健康！同时，您的朋友也通过我们向您表达祝福。祝愿你们的友谊天长地久……"真是惊喜连连。阿迪力·艾海提和他的朋友一同站了起来，紧紧相拥，客舱里顿时响起了热烈的掌声，所有乘客都在为他们的友谊喝彩。

航班没有因为延误而充满怨气，机舱里充溢着和谐与温馨。乘务组人员最后还与这两名学生拍了合影，同时也希望这张珍贵的照片能成为他俩深厚友谊的最好见证。

路灯下的纯真童心

在昏黄的路灯下，两个女孩正在一起读书、学习。这样的画面不是在电视中，而是发生在我们身边的真实生活中。

李凤是广西桂林灵川县大圩镇人，10多年前被人拐卖到广东揭西县与人结了婚，生了两个小孩。几年前她与丈夫离婚，带着10岁的女儿李惠玲回到娘家。因生活无保障，于是她又带着女儿来到深圳，准备投奔一名熟人找工作。哪知熟人和工作都没找到，钱也没有了，她只好和女儿流落街头。

10岁的李惠玲是一个渴望读书的女孩，她向往着和同龄的孩子背着书包一起去上学。虽然和妈妈流落街头，但是她每天缠着妈妈，让妈妈给她当老师，教她读书。看着这样爱读书的女儿，李凤常常会偷偷掉泪。

那天，在蛇口潜龙湾附近一所小学上学的女学生陈玉梅捧着一本图画书，在路上一边走一边看。李惠玲见陈玉梅的图画书很好看，也凑在她身边看，跟着她走。陈玉梅便把图画书借给李惠玲看。就这样，两人成为了好朋友。她俩的友谊故事也拉开了序幕。

当得知李惠玲的家庭情况后，陈玉梅开始了自己默默的关怀行动。每天下午放学后，她便会背着书包，来到李惠玲和她妈妈待的地方，念自己的课本给李惠玲听，带自己的图画书给李惠玲看，还给李惠玲补习功课。每到这个时候，李惠玲都非常开心。两个小女孩坐在地上，紧紧地挨在一起，讨论着书上的内容。陈玉梅还常从家里带好吃的给李惠玲吃，而李惠玲则画画儿给陈玉梅看，两个好朋友无话不谈。在南海意库创意产业工业园一家服装广告公司担任摄影师的詹书章看到李惠玲和陈玉梅在昏黄的路灯下一起学习的场景，深受感动，为我们将这动人的一幕记录了下来。

当记者得知此事后，来采访陈玉梅，她立刻躲得远远的。记者翻看她的语文课本，看到了上面写着她的班级“四(五)班”和姓名“陈玉梅”。但记者几经询问，陈玉梅始终不肯透露自己学校的名字。当今社会，有很多人对街头流浪的孩子唯恐避之不及，而这个年仅12岁的小女孩却能有如此爱心，着实令人感动。难道这种纯洁的童心和仁爱之心不值得我们提倡吗？

“义工服务队”学生街头义卖救“同窗”

这是一个特殊的群体，他们的年龄从14岁至22岁，他们是由在校大学生和中学生自发组织起来的群体。这个组织所开展的主要活动有义卖、环境保护宣传、助残慰问、社区服务、游学体验活动以及手语教学、饮食健康知识宣传等。这个特殊的群体就是“天津义工服务队”。

这一天，“天津义工服务队”出现在中心公园。这次大家出于一个共同的目的——为患白血病刚出院的大学生王瑜筹措后续治疗费而举行义卖活动。这次义卖的救助对象王瑜，是天津师范大学汉语言文学院2005级学生。2006年8月30日，她被确诊为“M6型白血病”。在3个小时的义卖活动中，义工服务队的学生们不停地推销着手里的商品，大家用真心、诚心换来了400多元义卖款。在献爱心的人群中有年轻的小夫妻，有时尚的青年男女，还有白发苍苍的老人，大家为了帮助患病的大学生王瑜能重返校园，毫不犹豫地买下了一瓶矿泉水、两瓶矿泉水，一本书、两本书……

为了救助王瑜，“天津义工服务队”每周末都要选择一天进行义卖活动，义卖地点设在中心公园内，义卖的商品包括矿泉水、小工艺品和书籍。这样的义卖活动不知都开展几次了。在天津义工服务队招募广告中你能清楚地看到这样的话语：如果您符合条件，愿意和大家一起为需要帮助的人做一些力所能及的事，可加入“天津义工服务队”。该服务队招募QQ群号为：47320040。义卖活动的义

工除了来自天津青年职业学院、城市职业学院(河北校区)、天津财经大学、天津师范大学、南开大学、天津大学的大学生外,还有来自美术高中、红星中学的中学生,共35人。

那日最令人感动的画面:第一个买下爱心矿泉水的是一位中年人,他是为了抄近路才从中心公园穿过的。当得知义卖活动是为了救助一名与病魔作斗争的大学生时,他马上掏钱买下了两瓶水。临走时,还不忘嘱咐同学们在大风中卖东西要注意保暖。虽然销售的物品很普通,但对于义工们来说,销售商品得到的每一分钱都是沉甸甸的。

在忙碌了一个上午之后,下午2时许,所有义卖的善款被送至王瑜家中。由于王瑜的免疫力还比较低,为防止感染,义卖队员没有进入王瑜的房间,只是将钱塞到王瑜母亲的手中,并送上他们的祝福。这个伟大的群体,用一种最简单的方式,救助着一个与病魔抗争的大学生,用他们的热血谱写了一曲新时代的爱的乐章。

七年四班，一个关于友谊的故事

七年四班是一个温暖的大家庭。在这个大家庭中，同学们用无私的爱温暖着脑瘫男孩唱圣洁，大家用自己的行动书写着一个关于友谊的故事。

故事还要从2011年9月1日说起。那天14岁的唱圣洁拄着铁拐，步履蹒跚地走进了七年四班的教室。看着教室里一张张陌生的面孔，他有些不安。离开了父母的庇护，不知道这个新的班集体等待他的究竟是什么。

唱圣洁患有先天性脑瘫，拄着双拐才能缓慢行走，并且随时都有摔倒的可能。家住唱石门村的他，是第一次独自离家到2.5公里外的镇上求学。家里有大堆的农活，还有年幼的弟妹需要照看。每天早晨，唱圣洁的妈妈用三轮车将他送到学校后，便匆忙往家赶，下午放学才能接他回家。唱圣洁的午饭都得在学校解决。

从教学楼到校门外的小吃店也就百米左右的距离，可唱圣洁却要走上20多分钟，往往等他挪到小吃店，午饭也已经卖光了。起初那两天，唱圣洁还为此饿过肚子。几天后的中午放学，唱圣洁又挪动着双腿，费劲地避开人流，蹒跚地向外走去。这时，一双温暖的手扶住了唱圣洁，他抬头便迎上一双友善的双眼——是班长魏家田。那天，唱圣洁吃上了家田为他买来的热气腾腾的饭菜，两人拉在一起的双手久久没有松开。

唱圣洁刚入学时，病情较重，拄着双拐才能缓慢挪动。教学楼

友

内没有厕所，厕所在校园的北面，要爬一个大坡，还要上几级台阶，上厕所成了唱圣洁最头疼的事儿。班长魏家田知情后，经常背着他上厕所。时间久了，两人有了默契，只要一个眼神便明白了。那年12月份，教室外寒风刺骨，课堂上的唱圣洁突然发出一个信号，魏家田连忙走上前，背起他大步向厕所的方向走去。进了厕所，魏家田才发现自己没穿棉袄，只穿着毛衣就出来了。为了抵抗严寒，他围着厕所里的柱子跑了80多圈。

渐渐地，有关这个特殊同学的故事在班里传开了。“交个朋友吧！”女生侯麟主动向唱圣洁伸出了手，身为副班长的她还揽下了为唱圣洁补习功课的任务。

看着魏家田每天为唱圣洁买饭太辛苦，班里的“大个子”彭宗雷主动“请缨”。在他们的带动下，如今为唱圣洁买饭的活儿，成了七年四班全体男生抢着干的差事。

班上的“小眼镜”王洪岩每天放学护送唱圣洁下楼，并陪伴他等候妈妈。有一次，唱圣洁的妈妈有事要晚来，王洪岩一直陪他在校门口等了一个多小时。

牛福一、王家琪等同学经常帮唱圣洁整理课桌、打扫卫生，唱圣洁的座位是教室里最干净的地方。每天课间，同学们在外边嬉戏时，总有几名男生主动留下来陪唱圣洁说话、解闷，搀扶他在教室里活动。班级里开联欢会，大家也总是把唱圣洁的座位安排在最前排，并在他的面前摆放好水果。

那个发生在雨天的故事，时至今日，仍清晰地在唱圣洁的脑海中回放。开学后不久，一个雨天，学校提前放学，同学们陆陆续续

离开教室。看着唱圣洁焦急的样子，魏家田二话不说背着他踏上了回家的路。小路泥泞，磕磕绊绊中，魏家田一脚踩空，为了不让圣洁摔倒，他单腿跪地，重重地半趴在泥泞中。他的衣服、鞋子全湿透了，手和膝盖也划破了，可背上的唱圣洁却安然无恙。

七年四班学生们都是那样的善良、可爱，自发关心帮助唱圣洁，他们为他构建起了一个充满爱心的温馨世界，就是这种爱创造了奇迹。半年来，唱圣洁几乎没缺过一节课，他学习十分认真刻苦，成绩进步很快。同时，他也在努力锻炼身体。虽然每走出一步都是艰难的，还经常摔倒，但他却咬牙坚持。现在他已经能够进行短距离的行走，也能够轻松地扶着扶手上下楼了。

爱让唱圣洁勇敢地“站”了起来，唱圣洁的乐观也深深地打动了我们。当爱的力量注入一个集体之中，它的力量将是无穷的。

为腿脚不便的同学当“拐杖”

在四年的时间里，他坚持做着同样的一件事：无怨无悔地为同学当“拐杖”。

他，就是长沙市望城区桥驿镇中学初一(14)班学生余兴泉。13岁的余兴泉搀扶着腿脚不便的同学左臣上下楼梯，进出教室、食堂和厕所，几年如一日，风雨无阻、无怨无悔。

故事是这样的：14岁的左臣患先天性脑瘫萎缩症，腿脚不便，平日上学、放学都靠母亲骑电动车接送。由于他家离学校需要30分钟的车程，做生意的母亲在时间安排上难以顾全。考虑到左臣的起居料理，小学三年级时，左臣的母亲便将他从长沙市桂花树小学转到了望城区桥驿镇明德中心小学上学。

在左臣的记忆里，他转学的第一天，老师在班上介绍了他的特殊情况后，一下课，余兴泉便找到他并安慰他说：“左臣，以后我做你的拐杖吧！”说罢，他便一把搀扶起左臣。从此，余兴泉成了左臣的左右手和拐杖。教室距食堂和厕所有五个水泥梯级和相当长的一段路程，每天余兴泉都搀扶着左臣上下楼梯，进出教室、食堂和厕所。

随着年龄的增长，余兴泉和左臣都进入了桥驿中学就读初中。左臣年长余兴泉1岁，而且比他高出了一个头，但余兴泉并未中断对左臣的照顾，每天依旧如此。有时候左臣走路久了，腿脚酸麻的时候，余兴泉还会背他上下楼。虽然余兴泉有些吃力，但从不叫一声苦。

初一(14)班班主任易敏清晰地记得，在她刚接手这个新班级并准备排座位时，班上的同学都异口同声地要求让余兴泉跟左臣坐同桌。感到好奇的易敏通过走访才得知，余兴泉已经照顾左臣好几年了。记得有一次，左臣的家长要晚些接他回家，余兴泉二话不说，便扶着左臣往家走，而等自己回到家时，寂静的农村家家户户都亮起了灯。

看着余兴泉每天都要照顾自己，还要复习功课，内心不安的左臣曾多次谢绝余兴

泉的帮助,提出自己单独行走。可每次余兴泉总是笑笑,依然跟随在他身后,生怕他有不适。只要走了一段路程后,余兴泉便会主动跑到他身边,搀扶着他。

左臣也多次试探地问余兴泉是否后悔,余兴泉摇了摇头,说:"我们是朋友,坚持了这么多年,其他的我都不在乎。"

那一次在学校操场上,余兴泉背着左臣,一位高年级的学生正好从他们俩面前经过,见此一幕,轻轻地说了一句"真是太有爱心了",左臣的心被牵动了。仔细想想,余兴泉这么多年的坚持是多么的不易。他不仅在生活上照顾自己,在学习上也经常为自己补习功课。左臣庆幸自己能遇到这样的好朋友。

余兴泉这种助人为乐、无私奉献的精神,不仅感动了左臣,也感动了学校的每一位老师和同学。在他的感染下,全班同学也自发地为行动不便的左臣献爱心,同学们争着为左臣送饭,但下课搀扶左臣上厕所的重任,余兴泉仍抢着承担了下来。

"每天你自己学习也紧张忙碌,还要照顾左臣,难道不嫌累吗?"这个问题,无数人都问过余兴泉,可他每次都会报以淡淡的一笑:"这点儿累算什么,能为同学做点儿力所能及的事就是我最大的快乐!"

余兴泉的行为看似简单、平常,但是在简单平常的小事之中彰显了他对同学的真情,更可贵的是他四年的坚持不懈、无怨无悔。

胜似姐妹的友情

冉清清是一个从小患有小儿麻痹症的女孩。她的双腿弯曲得厉害，走路非常不便，只能拄着拐杖艰难地移动。然而，就是这样一个身有残疾的孩子，也向往着学校的生活。就在她六岁那年，母亲把她送到了铜梁县虎峰小学一年级三班学习。

学校的生活并不是冉清清想象中的样子。她刚到学校就有许多同学在背后对她指指点点。她很自卑，内心痛苦极了，只能把自己的心封闭在一个狭小的空间里，从不愿意和同学们交往。

这一切，被班上另外一个善良的小女孩看在眼里，记在心上。

她就是刘禹——一个活泼、开朗、爱笑的女孩。她见同学们都不理睬冉清清，下课后就主动跑过去和她聊天。

刚开始的时候，清清并不愿过多地和刘禹说话，因为她非常担心刘禹会嘲笑她。可是善良的刘禹并没有放弃，还是一如既往地帮助冉清清。一到下课，她就去冉清清的座位旁玩耍，一起聊精彩的动画片，还搀扶着她一起上厕所。

为了让冉清清快乐起来，刘禹想了很多办法。最初，刘禹到处搜罗“脑筋急转弯”题，然后让冉清清猜；友情加深后，刘禹还会去冉清清家，一起看电视、做小手工。

渐渐地，冉清清变得开朗起来，也愿意和同学们说话了。

后来，每天中午下课后，刘禹做的第一件事情就是拿起自己和冉清清的饭盒向食堂飞奔。打好饭菜后，其他同学可以在食堂立马

开吃，刘禹还得小心翼翼地端着两盒饭菜回到教室和冉清清一起吃。吃完后，刘禹把两人的饭盒清洗干净，再返回教室。这样的日子，从一年级到五年级，两个小姐妹一起牵手度过了五年的时光。

时间过得好快呀，再过一年两个小姐妹就要步入初中了。冉清清很担心一年后的初中生活，因为上初中后，就意味着两个小姐妹也许不能在一个班读书了。每次一想起这件事，冉清清心中就充满了惆怅。善解人意的刘禹猜出了冉清清的心思，她笑着对冉清清说："到了初中，我还要和你一个班，还要天天为你去打饭。"听到好姐妹的话，冉清清流下了激动的泪水。

在刘禹的行为感召下，现在每天清清到学校的时候，都会有班上的同学主动上前来帮忙。学校组织班级篮球赛，轮到他们班的那天，没有上场的同学都去参加啦啦队了。临近比赛，班上几名大个子男生轮流搬凳子、背冉清清下楼。这一幕幕的画面，温暖着清清的心田。

互助友爱是一种伟大的力量，它不仅能温暖人的心灵，更能升华人的思想。

挑战珠峰中患难见真情

攀登珠峰是世界各地的登山爱好者共同追逐的梦想。攀登珠峰的梦想也同样在任子翔、张京川和安少华的心中深深地扎下了根。那年，他们向珠峰发起了挑战。虽然过程是痛苦的，但结下的友谊却是永恒的，因为在任子翔、张京川和安少华三人下撤过程中经历了生与死的抉择。在生与死的考验中，三人结下了最真挚的友谊……

攀登珠峰，登顶只是成功的一半，多数攀登珠峰出现的意外都是在下撤的过程中。

当队员冲顶成功后，大本营所有的人都在为队员们下撤而担心。大家都在祈祷，千万不要在下撤过程中出现事故，但事故还是经常与登顶队员不期而遇，这次就发生在任子翔身上。

8点04分，任子翔登顶。在顶峰待了近一个小时后，他与张京川、安少华同时开始下撤。当任子翔通过第二台阶时，没想到意外的情况出现了。由于在下第二台阶时等待的时间太长，所携带的氧气已不足，但任子翔全然不知。他继续向7790米营地前进，但刚从8300米营地出来，他就发现氧气已经无法支撑到7790米营地了。是回到8300米营地拿备用氧气还是继续前行？任子翔站在海拔8200米处犹豫了半天，返回8300米营地无疑将会消耗更多的体能，继续前行则要冒着无氧下撤的风险。面对艰难的抉择，任子翔最终选择了继续下撤。当到8100米时，任子翔的氧气已完全耗尽，

还有一大半的路程，任子翔只能无氧下撤。原本只有一个多小时的路程，任子翔却走了三个多小时。当用尽最后一丝体力后，筋疲力尽的任子翔倒在了离 7790 米营地帐篷 5 米远的地方。

任子翔倒在帐篷外，而此时张京川在帐篷内因失温而全身发抖，根本无力帮助帐篷外的兄弟，但是张京川还是坚持着将自己的氧气丢给了任子翔。重新得到氧气，任子翔这才逐渐恢复过来。由于体能透支，张京川、任子翔决定在 7790 米营地休息，等体能恢复后再继续下撤。

凌晨 4 点，安少华迷迷糊糊地从睡梦中醒来，发现睡在旁边的任子翔没有任何反应。安少华立即检查任子翔的氧气，此时任子翔的氧气指数早已归零。安少华毫不犹豫地将自己的氧气面罩扣在了任子翔的脸上。有了氧气，只是短短的几分钟，任子翔便恢复了知觉，但还是神志不清。看到任子翔有了好转，安少华这才放下心来。然而仅仅过了一个小时，向来在三个队员中体能最好的安少华却因为缺氧身体开始失温，他身体发抖，嘴唇发紫，不停地呻吟，甚至出现了呕吐现象。张京川被安少华的呻吟声惊醒，看到安少华的情况，张京川作出了和安少华同样的举动，毫不犹豫地将氧气面罩拿给了安少华。就这样，两个氧气面罩，在三个人之间轮流使用，奇迹般地让三个人一直坚持到了天亮。

清晨，当任子翔清醒过来后，知道了昨夜发生的这一切，什么话都说不出来了，只是拉着安少华的手悄悄地流下了感激的眼泪。见到任子翔的泪花，安少华再也无法控制自己的内心，眼泪哗哗地往下流。面对这样的情景，张京川也不由得泪落如雨。三位冲顶珠峰的勇士、英雄，在感情面前，在纯真的友谊面前，谁也无法掩饰内心的情感，珠峰的凶险、珠峰的雄伟在这一刻都比不过三人所表现出的最真挚的伟大情谊；冲顶成功的喜悦在此时此刻也根本无法与真情相比，三个宁愿流血也不流泪的男子此时早已成为了泪人。这是友谊之泪，更是真情之泪。患难见真情，此时，三人的心紧紧贴在了一起。

擦干眼泪后，在张京川的提议下，以珠峰为证，三人在 7790 米营地义结金兰。虽然这样的形式很俗套，但也许只有这样的形式才能让三个冲顶珠峰的勇士心安。以珠峰之雪代酒，让神圣的珠峰见证，在狭小的帐篷内，三人以一种很“江湖”的形式让友谊升级并相互鼓励，一定要安全撤到大本营。

患难见真情。不错，在困境中、在受难时，来自朋友间的帮助与鼓励则显得那样可贵。

十三人的患难友情

人们常说，战友与同学的友谊是世界上两种最诚挚、最永恒的友谊。我们拥有其一，应该感到无比幸福。

出生在浙江省临海市的葛宏峰，中专毕业后进入一家汽车修理厂工作。1996年初夏的一天傍晚，20岁的葛宏峰搭乘摩托车时遭遇车祸，被送往医院抢救，当时葛宏峰重度烧伤面积达90%。就在医院无法联系伤者家属时，葛宏峰竟艰难地说出一串手机号码，随即又昏迷过去。

接电话的人是葛宏峰的高中同学，名叫周晓阳，了解情况后他便急匆匆地赶来。看到躺在床上形同炭人的葛宏峰，他的眼泪马上落了下来，上前一声声地呼唤葛宏峰的名字。

一会儿，葛宏峰的父母也来了。听说抢救费用至少需要2万元，两位老人顿时捶胸顿足，当时葛家仅有3000元积蓄。周晓阳忙止住泪水，对葛宏峰的父母说："请二老放心。有我们'同龄一米七'在，一定能把宏峰救活！"

原来，当初在临海市回浦高中，葛宏峰和周晓阳等12名同学最要好，他们不仅同年出生，身高也相仿，又觉得彼此间特别有缘，师生们给他们起了个名号"同龄一米七"。毕业的前一天晚上，13个人约定毕业后大家一定要继续保持联系，做一生一世的朋友。

望着危在旦夕的葛宏峰，周晓阳心情沉重地拨通了一个个电话，很快，不到半小时大家都到齐了。大家刚围拢在病床前，令人惊奇

友

的事发生了：葛宏峰的嘴唇嚅动了几下！这也许是人处在生死边缘的无意识反应，但“同龄一米七”情愿把这看作是对友谊的呼唤。

吴平法是圈中“老大”，他率先拿出3000元钱塞在葛宏峰父亲的手里。随后其他人纷纷解囊，转眼间大家就凑了2.7万元，每个人捐的钱数差不多都是一年的工资。

三天后，葛宏峰脱离了危险，接下来是漫长的护理期。吴平法把大家召集到一起，动情地说：“咱们都是宏峰的好朋友，可以说我们是他目前唯一的依靠了。咱不能出了钱就完事，还得继续出力呀。”就这样，12个好朋友分别向单位请假，每天轮流护理葛宏峰，为他翻身、喂流食、接屎把尿、活动筋骨，坚持了102天。

植皮手术开始了。医生从葛宏峰的头皮上取下一个个皮粒，“种”到烧伤部位，再用特殊处理过的猪皮包裹在外面。为了能找到符合植皮条件的小猪，周晓阳自告奋勇到乡下，买到小猪后就养在自家的两居室里，终日与猪为伴。因为植皮手术前的10天内不能让蚊子叮到猪，周晓阳就用蚊帐把猪罩起来。又怕把猪热坏了，他就和父亲轮流给小猪扇扇子。“皮源”总算得到保证了，可等到葛宏峰植皮结束，周家已经是臭气熏天，周晓阳的父亲瘦了一大圈儿……

葛宏峰出院头两天，摘去脸上的纱布，看到镜子里那张面目全非的脸，当即晕了过去。

吴平法告诉葛宏峰：“今天我当着大家的面承诺，帮你一生一世。但如果你失去活下去的勇气，最终你会被磨难吓死，我们也会被你拖死。”听了这话，葛宏峰果然安静下来。

“同龄一米七”觉得，为了让葛宏峰摆脱精神萎靡的状态，必须让他有事做。听说葛家附近有位姓陈的居民会下围棋，他们便集体登门拜访。陈先生深受感动，当即答应上门教棋。葛宏峰非常聪明，半个月过去，他的棋艺已和陈先生旗鼓相当了。

葛宏峰开始了与命运的抗争。一天，他鼓起勇气独自下楼。可他刚走到楼下幼儿园门前便把几名小朋友吓得大哭。幼儿园老师闻声跑来，“啊”的一声大叫，拉起小朋友就往回跑。这种刺激太强烈了，葛宏峰返身跑上楼，捶打着墙壁大叫：“你是个鬼，你只配待在地狱里。”

经过这次事件之后，葛宏峰的情绪又一次跌入低谷。于是大家商定：再次集资，为葛宏峰整容。这样一来，葛宏峰的容貌改观了许多。“同龄一米七”又为葛宏峰将来的出路想办法。可想来想去，也没想出适合他干的活儿。大家决定成立“基金会”：每人每月拿出40元钱，如果以后葛宏峰失业，这笔钱就作为他的生活费，一直到老；大家每月还至少邀葛宏峰郊游或聚会一次。谁结婚、生子一定要把爱人、孩子介绍给他……

第一次被同学们拉去郊游，驻足青山绿水，呼吸着新鲜空气，葛宏峰的内心无比感动，同时也很惭愧：自己再缩在家里，实在有负大家的一片苦心。那天晚上回到家，他为自己定下任务，以后每天至少笑10次，唱一首催人奋进的歌，争取早日走上大街，勇敢面对别人的目光。

不久，葛宏峰主动提出到父亲经营的打字复印社帮忙。熟悉业务后，葛宏峰对电脑产生了浓厚的兴趣，他觉得这是自己自力更生的最佳途径，所以格外用心地学起来。不久，周晓阳推荐葛宏峰到哥哥的电脑公司工作。葛宏峰上班后,很快成为公司的技术骨干,同时他一边工作一边留心经营的诀窍。一年后他觉得条件成熟了,便提出想自己开一家广告公司,得到了“同龄一米七”的大力支持。

葛宏峰的公司成立之初,只有他一个人,常常门可罗雀。“同龄一米七”便做起了他的编外业务员,为他四处奔波。葛宏峰也不再畏惧各种异样的眼光,他推开一个个商家的门去跑业务。渐渐地,公司的业务运转起来了,员工也多了起来。

就这样,“同龄一米七”互相帮助、互相支持,都成为了所在行业的佼佼者。

这时,葛宏峰的感情问题成了大家最牵挂的事。

那年夏天,通过网络,葛宏峰与广西女孩陈金兰相识了。当时陈金兰在广西融水民族卫校读书,比葛宏峰小 7 岁。

第一次聊天,葛宏峰就把自己的一切坦诚地告诉了陈金兰。善良的陈金兰表示了深深的同情。两个人一直保持着密切的联系。陈金兰毕业在即,急于寻找实习的单位,葛宏峰便托同学帮她联系了一家医院。就这样陈金兰来到了临海市。这期间,葛宏峰大胆地向陈金兰表达了爱意,陈金兰呆住了。在此之前,她一直把葛宏峰当作可以信赖的大哥哥,但还从来没有往爱情方面考虑过。况且,对于一个对爱情充满了美好向往的女孩来说,嫁给一个面部伤残的男人,毕竟是有所顾虑的。

经过五年马拉松式的恋爱后,陈金兰越来越感受到葛宏峰那种坚强而执着的男人魅力,终于答应把自己的终身托付给葛宏峰。

婚礼前 10 天，陈金兰的两个姐姐来到临海市考察未来的妹夫。以前虽从妹妹嘴里听说过葛宏峰，可真的面对了，她们还是无法接受葛宏峰的相貌，强行要把“鬼迷心窍”的陈金兰带走。

“同龄一米七”听说此事后，集体出来充当说客，可陈金兰家人连面也不肯见，以为他们是葛宏峰雇的托儿。最终“同龄一米七”的故事感动了陈金兰的家人。接着，“同龄一米七”陪陈金兰的家人参观葛宏峰的公司，讲述他一桩桩感人的故事。陈金兰家人的思想疙瘩终于解开了：葛宏峰事业有成，他还有这么多重情义的朋友，足以说明他是个值得信赖的男人。

2006 年新年来临了，葛宏峰与陈金兰的爱情瓜熟蒂落，两个人在临海市东方明珠大酒店举行了隆重的婚礼。

陈金兰怀孕后，夫妇俩商定，为了纪念“同龄一米七”的友谊，孩子出生后认 12 位好友为干爸。

葛宏峰在困境中获得了一份珍贵的友谊，而这份友谊又为他创造了一个又一个奇迹！

洁癖男生那独一无二的温暖

在周晓琴15岁那年，母亲与人私奔，她成为同学们窃窃议论的笑柄；父亲借酒消愁，天天喝得烂醉，后来出了车祸，受伤住院。她每天拖着单薄的身子，在医院和学校间跑来跑去。本来就不好的学习成绩，因为这些家庭变故，变得更加糟糕。最糟糕的是，周晓琴在那年患上了顽固的鼻炎，打喷嚏、流鼻涕，每节课都能听到她撕纸、擤鼻涕的声音。老师和同学们都很厌恶她，班里再没人愿意和她同桌。

于皓就在这个时候转学过来。还未曾进入班级，就有传言说于皓学习很好；转到学校后，几个班主任都想争夺这个尖子生。于皓不仅学习好，人也很好，但是就是有点儿洁癖，连床单上都不能有一粒灰尘。

周晓琴怎么也没想到，一个月后，于皓竟然成了她的同桌。原因是于皓前排的女生给他编了一只手链，被班主任看到，老师觉得于皓有早恋倾向，于是就把他调到周晓琴旁边坐同桌。

于皓无所谓地坐下，从书包里拿出白色的纸巾，开始擦拭桌子。周晓琴缩着肩膀，看着于皓雪白雪白的衬衣，羞愧地低下头去，恰巧发现自己球鞋上有一个破洞，刹那间，周晓琴尴尬得无地自容。这样想着的时候，周晓琴的鼻子又痒了起来，赶忙四处找纸，这时一方细腻的白色纸巾递到她的面前："用这个吧，不伤皮肤，还干净卫生。"于皓的声音很柔和，周晓琴却越发紧张，接过纸巾，手抖抖地拿着它放到鼻子下。于皓的纸巾真好，软软的，鼻子一点儿都不痛。

那天物理课，周晓琴睡着了，因为鼻炎导致很大的鼾声。物理老师做了手势让全班安静，鼾声立即钻进了每一个人的耳朵里。于皓轻轻推了推周晓琴，周晓琴抬起头，迷迷糊糊地不知道发生了什么事。尽管有物理老师的怒视，全班同学还是忍不住地爆笑起来。

于皓站起来，对着物理老师，学着物理老师的样子也做起了手势，他攥起拳头，拇指向下，对着地面指指点点。所有人都惊呆了，于皓的手势是电影《河东狮吼》里的手势，意思是：我鄙视你！

物理老师也喜欢看喜剧片，他看懂了这个手势，他惩罚于皓站到走廊去。于皓冷静地说："老师，让全班同学听一个女生的鼾声，一起嘲笑一个弱女生，这样的行为不该鄙视吗？"

"我在管理学生，轮不到你插嘴！"物理老师发飙了。

于皓还是很冷静："大家都知道周晓琴很可怜，为了照顾爸爸，每天睡不了几个小时，这样的事要是放在优等生身上，早就被大肆表扬了。难道她成绩差就该被嘲笑吗？我们为什么不放大一点儿她的优点呢？"

教室里很静，很静。物理老师沉默了好久，说了一句"继续上课"。

下课后，周晓琴哭了。她知道自己不该哭的，因为，为了不迟到，早上她拼命地跑啊跑啊，摔了一跤，沾了一脸的土，现在，眼泪一流下来，就是一道一道的小沟。

于皓从书包里拿出一包湿巾，抽出一沓，轻声说："20 分钟的大课间用来哭，这简直太浪费了，擦干眼泪，趴在桌上睡一觉，醒来后就什么都忘记了。”

周晓琴接过湿巾，软软凉凉的湿巾，滑过脸的每一个角落，像春天的风，吹面而不寒，她感觉到的除了温暖，还是温暖。

因为物理课的鄙视事件，于皓被班主任请到了办公室。一节课的时间，班主任没有放于皓回来。一向懦弱卑微的周晓琴勇敢地走向班主任的办公室，她想，自己是导火索，所以自己该承担一切。

办公室的门虚掩着，周晓琴踌躇着，想着待会儿该怎样说。

“我告诉你，你再惹是生非，我就让你一直坐在周晓琴的旁边！”班主任的声音变得气喘吁吁。

“老师，我给市里领导写信，反映宿舍条件太差，校长批评你，你可以辩论啊，为什么跟我过不去？我只是讲了真话。我不道歉，你就让周晓琴做我同桌，你用班里最邋遢的女生来折磨我。老师，我爱干净，但是还没到丧失善良的地步。我可以忍受周晓琴不好的习惯，或者说，我会慢慢帮她改变。可是，我觉得你调动座位的真相如果让周晓琴知道，她会很伤心！”于皓的声音充满激愤。周晓琴软软地靠在墙上，腿慢慢地向下弯去，仿佛它们已经不足以支撑住整个身躯。原来，自己存在的价值，就是恶心一个爱干净的男生！

“你们为什么不替周晓琴想想？她家里的情况大家都知道，可是，就因为她有一个糟糕的学习成绩，谁都不肯给她一点温暖。老师，我后悔转学来到你的班级。”

周晓琴擦干了眼泪，推开门，走进屋子，大声喊道：“于皓，从明天开始，我不再做邋遢的女生，我不要成为对付你的脏东西！”

于皓还是坚持和周晓琴同桌，他教给周晓琴生活常识，比如擦

桌子要顺着一个方向擦,不要像古装剧里的店小二来回乱擦;比如白色的衣服,如果发黄了,可以用84消毒液浸泡,就会白得像新的一样。

周晓琴渐渐变了一个人,很利落的短发,很简单的校服裙,永远干净的运动鞋。爸爸出院后,她不用再在凌晨的寒风中狂奔,鼻炎也慢慢好了。

春天到来的时候,班主任老师给周晓琴一份表格,她帮周晓琴申请了学校特困补助的最高标准。她拍拍周晓琴的肩膀,缓缓地说了一句"对不起"。

已经不爱哭的周晓琴,又无法控制地落泪了！泪水中,一颗已经冰冷的心被那独一无二的温暖融化了，这是一种从未有过的幸福的泪水。